김상균 교수의 메타버스
어린이를 위한 디지털 지구

초판 1쇄 펴낸날 2021년 12월 15일
초판 2쇄 펴낸날 2021년 12월 24일

지은이 김상균 , 오정석
그린이 조경옥

펴낸이 한성봉
편집 이은지
마케팅 박신용 오주형 박민지 강은혜
경영지원 국지연 강지선
펴낸곳 동아시아사이언스
등록 2020년 2월 7일 제2020-000028호
주소 서울시 중구 퇴계로30길 15-8 [필동1가 26]
전자우편 easkids@daum.net
전화 02) 757-9724,5
팩스 02) 757-9726
ISBN 979-11-91644-06-7 73400

· 동아시아사이언스는 동아시아 출판사의 어린이·청소년 브랜드입니다.
· 잘못된 책은 구입하신 서점에서 바꿔드립니다.

만든 사람들
편집 박희정
크로스교열 안상준
디자인 김수인

김상균 교수의 메타버스

어린이를 위한 디지털 지구

글 김상균·오정석 | 그림 조경옥

동아시아 science

차례

시작하며 _ 이미 존재하는 새로운 세상, 메타버스 · 6

01 마법 같은 세상 메타버스의 정체

새로운 세상, 메타버스의 탄생 · 10 | 메타버스, 네 정체를 밝혀라 · 13
놀이에 '푹' 빠진 사람들 · 16 | 같은 곳에서 다른 꿈을 꾸다 · 20
전화가 무서워 · 22 | 메타버스에서 대화하는 법 · 25
쉬어가며 카카오 유니버스 · 28

02 메타버스 세상 속으로 고고! ▶▶▶ 증강 현실 세계

방 탈출 카페 · 32 | 현실 세계에 덧입혀진 환상의 세계 · 35
스마트폰 속 땅따먹기 · 36 | 증강 현실 세계를 통한 환상의 현실 세계 · 39
현실 세계에 새로운 이야기를 덧입혀라 · 41 | 왜 증강 현실 메타버스인가? · 44
너는 상상하지 마! · 46 | 죽은 사람이 살아 있다? · 49
교육 현장에 활용되는 스마트 팩토리 · 51
쉬어가며 새로운 나를 창조하라-제페토 · 54

03 메타버스 세상 속으로 고고! ▶▶▶ 라이프로깅 세계

남들은 어떻게 살까요? · 58 | 보여주고만 싶은 나 · 59
메타버스 속 너의 의미 · 62 | 오늘부터 절교야! · 63
서로를 돕는 시시콜콜한 기록 · 66 | 진짜 나는 어떤 모습일까? · 67
외톨이는 싫어 · 69 | 나를 보여주고 싶어 · 70
빠르고! 쉽게! 누구나! · 73 | 소셜 미디어와 함께 성장하는 스포츠 산업 · 77
쉬어가며 유명인과 직접 대화할 수 있다고? · 80

04 메타버스 세상 속으로 고고! ▶▶▶ 거울 세계

현실 세계를 그대로 옮긴 샌드박스 게임 · 84 | 현실 세계에 효율성과 확장성을 더하다 · 87
거울이지만 그대로 보여주지는 않아! · 88 | 구글은 왜 지도 서비스를 공짜로 할까? · 90
온라인 교실 '줌' · 93 | 디지털 실험실 · 95 | 무엇이든 배달해 주는 시대 · 96
감정을 자극하는 거울 세계 메타버스 · 99
쉬어가며 우연히 탄생한 에어비앤비 · 102

05 메타버스 세상 속으로 고고! ▶▶▶ 가상 세계

대통령을 만든 게임 · 106 | 상상하는 대로 현실이 되는 세계 · 108
새로운 소통을 위한 세상 · 110 | 난폭하고 폭력적이다? · 112
가상 세계의 경험도 쓸모 있는 것일까? · 114 | 메타버스 안에서 쌓는 우정 · 117
현실과 하나 되는 메타버스 · 118 | 가상 세계를 구현한 「레디 플레이어 원」 · 120
VR는 선한 기술일까? · 122 | 현실 세계에서도 이렇게! · 125
메타버스 속 인공지능 '오토' · 128
쉬어가며 MZ세대를 위한 광고 · 132

06 메타버스와 함께 살아가는 우리의 태도

메타버스와 현실의 관계는 모방이다 · 137 | 처벌보다는 보상 · 139
내 거인 듯, 내 거 아닌, 내 거 같은 · 141 | NPC, 인공지능에게 인권이 있을까? · 144
나이, 성별, 이름도 몰라요! · 144 | 폭발하는 공격성 · 148
온정의 땅, 메타버스 · 149 | 메타버스의 거대한 손 · 152
메타버스도 우리가 사는 세상이다! · 155
리얼 메타버스는 현실 세계의 확장판이다! · 157

이미 존재하는 새로운 세상, 메타버스

초등학생만 되어도 누구나 하나씩 가지고 있는 스마트폰은 언제 발명되고 사람들에게 보급되었을까요? 여러분에겐 먼 과거 이야기 같지만 불과 10여 년 전인 2010년대 초반이에요. 인류가 발전하고 지구 환경이 변한 것에 비하면 지금 기술의 발달은 그 속도가 말할 수 없이 빨라요. 10여 년 동안 발달했던 기술이 앞으로 1년 동안 발달하는 기술의 속도를 따라잡지 못할 것이라는 말도 있어요. 단순한 전화 기능만 했던 휴대전화가 인터넷의 발달과 함께 컴퓨터의 역할을 하고 있으니 틀린 말은 아닌 것 같죠?

이런 기술의 발달은 우리의 생활에 많은 변화를 일으켰어요. 사실 몇 년 전만 해도 매일 학교를 다니거나, 회의나 모임은 직접 만나서 하는 것이 자연스러운 현상이었어요. 그러나 코로나19라는 엄청난 바이러스로 인해 일상이라고 생각되던 많은 일들이 무척이나 특별한 일이 되었어요. 이른바 '언택트^{untact}'라는 새로운 시대가 열렸지요. 언택트는 '접촉하다'라는 콘택트^{contact}에 반대 개념인 un을 붙인 신조어예요. 그런데 코로나19 이전에도 기술의 발달과 더불어 언택트 시대는 이미 우리 곁에 와 있었다는 사실을 아시나요? 스마트폰으로 유튜브를 보고, 인스타그램이나 트위터 같은 소통 도구로 정보를 교환하고, 온라인으로 학원 수업을 듣고 참여하는 일들이 사실은 모두 언택트인 셈이죠. 이렇게 우리는 이미 언택트 시대를 살아왔어요.

코로나19 시대로 본격적인 막을 연 언택트 시대에서 메타버스는 콜럼버스의 신대륙과도 같아요. 15세기, 콜럼버스가 새롭게 발견했다고 생각한 대륙은 사실 이미 존재하고 있었던 아메리카 대륙이었어요. 메타버스의 세계도 새로운 세상을 창조하는 것 같지만 사실은 이미 우리가 살고 있는 언택트 시대가 발전한 것이라고 볼 수 있어요. 메타버스의 세계는 마치 보물찾기처럼 이미 존재하는 세상을 찾아가는 과정이라고 해도 지나친 말은 아닐 거예요. 이제 메타버스는 3D를 넘어 4D로까지 확장하며, 생생하고 구체적으로 구현되고 있어요. 이렇듯 빠른 기술의 발달이 새로운 시대를 열어가고 있는 것이죠.

자 그럼, 이미 존재하고 있지만 개척해야 하는 새로운 환경, 메타버스에서 여러분들이 어떻게 학습하고 성장할지, 그리고 어떤 변화가 생길지 상상의 나래를 펴고 여행을 떠나볼까요?

01
마법 같은 세상
메타버스의 정체

새로운 세상, 메타버스의 탄생

　재경이는 방과 후 집으로 가는 길이에요. 그런데 앞도 보지 않고 혼자 심각한 표정이 되기도 하고 안타까운 표정이 되기도 하고 때로는 승리에 취한 모습이기도 하네요. 멀리서 보면 뭔가 정신이 나간 듯 보여요. 가까이에서 보니 아하! 스마트폰 게임을 즐기며 길을 걷고 있었군요. 물론 귀에는 에어팟을 꽂고 말이죠. 재경이에게는 눈앞에 보이는 풍경도, 귀에 들리는 소리도 온통 게임 속 세상뿐이에요. 재경이는 우리와 같은 땅에 서 있지만 다른 세상에서 사는 것 같아요.
　그런데 길을 막고 있는 재경이 때문에 승용차 한 대가 지나가지 못하고 있었어요. 승용차는 참다못해 조심스럽게 클랙슨을 울리네요. 하지만 재경이 귀에는 들릴 리 없어요. 앗! 이번에는 앞에서 오는 자전거가 재경이를 미처 피하지 못하고 전봇대를 들이받을 뻔했어요. 그러나 재경이는 여전히 게임 세상에 있어요. 골목길을 지나는 순간 골목길에서 나오던 어린아이와 부딪혔어요. 그제야 재경이는 '뭐야?' 하고 소리치며 고개를 들었어요. 길 가운데 있는 재경이를 사이에 두고 승용차와 자전거와 어린아이가 재경이를 노려봤어요. 이게 어떻게 된 일이지? 재경이는 영문은 모르겠지만 자신 때문에 뭔가 잘못된 모양이라고 생각했어요.

여러분은 어떤가요? 재경이와 같은 경험이 있지 않나요? 요즘은 길을 걸을 때 앞을 보고 걸어가는 사람들은 드물어요. 특히 청소년들은 대부분 재경이 같은 모습으로 길을 걷는 것 같아요. 스마트폰으로 카톡이나 게임을 한다거나 영상을 보며 거리를 걷곤 하지요. 지하철 풍경은 더하네요. 앉아 있는 사람이나 서 있는 사람 모두 고개를 숙이고 있지요. 자는 것이 아니라 각자의 스마트폰을 바라보고 있네요. 현실의 몸은 지하철 안에 발을 붙이고 있지만 정신은 각자의 스마트폰 속 세상에 있어요.

초등학교 시절, 방학 숙제로 밀린 일기를 몰아 쓰던 어른들이 이제는 시키지 않아도 소셜 미디어에 일기를 써요. 무엇을 먹었는지, 누구를 만났는지, 오늘 기분은 어떤지 그림 대신 사진을 찍어 올리지요. 이 모두가 온라인 세상이에요.

우리의 몸은 여전히 물질 세상에 있지만, 우리의 생활은 점점 디지털 세상으로 옮겨 가고 있어요. 사람들은 왜 굳이 온라인 세상에서 살려고 할까요? 뭔가 새로운 것이 필요한 모양이에요. 사람들은 부족한 것을 채우기 위해 디지털 지구를 만들어 가고 있어요. 스마트폰, 컴퓨터, 인터넷 등 디지털 미디어에 담긴 새로운 세상, 디지털화된 지구로 옮겨 가고 있지요. 이제부터 우리가 발을 딛고 사는 지구를 아날로그 지구라고 하고, 온라인 세상으로 가득 찬 메타버스는 디지털 지구라고 부를 거예요.

메타버스, 네 정체를 밝혀라

초등학교 4학년인 우주는 스마트폰 알람에 맞춰 아침 8시에 일어나요. 구독 신청을 한 유튜브 채널 「나 혼자 산다」에 새로운 알람이 있어 확인을 해요. 인스타그램에 여자 친구 초롱이의 일상 사진도 올라왔네요. 답글을 달아줘요. 이제 잠을 깨기 위해 게임에 접속해서 신나게 게임을 한 판 해요. 정신이 드는 것 같네요. 그때 책상 위에 있는 화분이 눈에 띄었어요. 엄마가 갖다 둔 것 같아요. 향기가 좋네요. 식물의 이름이 궁금해서 스마트폰에 검색해 봐요. 물론 앱으로 말이죠. 식물은 허브의 한 종류인 로즈메리였어요. 흠, 향기를 한 번 더 맡아봐요. 이제 세수하고 학교 가야겠네요.

여러분의 하루 일과는 어떤가요? 우주와 같은가요? 우리가 무심코 사용하는 스마트폰의 여러 기능들은 메타버스의 한 부분들이에요. 메타버스는 초월, 가상을 의미하는 메타^{meta}와 세계, 우주를 뜻하는 유니버스^{universe}의 합성어예요. 즉, 현실을 초월한 가상의 세계를 뜻하지요. 메타버스는 1992년 미국의 SF 작가인 닐 스티븐슨의 소설 『스노 크래시』에 처음 등장한 개념으로, 정보통신기술의 발달과 코로나19 때문에 얼굴을 직접 마주 보지 않고 온라인상에서의 만남이 늘어나면서 점점 주목받기 시작했어요.

미국의 기술 연구 단체인 미래가속화연구재단(ASF Acceleration Studies Foundation)은 메타버스를 네 가지로 분류해요. 증강 현실 세계, 라이프로깅 세계, 거울 세계, 가상 세계가 바로 그것이지요. 너무 복잡하고 어렵다고 느껴질 수 있지만, 그렇지 않아요. 모두 우리가 이미 사용하고 있는 것들이니까요.

스마트폰 앱으로 포켓몬을 잡고, 들려오는 음악이나 들에 핀 예쁜 꽃의 이름을 알고 싶어 스마트폰 앱으로 노래 제목이나 들꽃의 정보를 검색한 적이 있다면 증강 현실 세계를 경험한 거예요. 인스타그램에 사진을 올려본 적이 있거나 「나 혼자 산다」와 같은 프로그램을 즐겨 본다면 라이프로깅 세계를 즐기고 있는 거죠. 또 BTS와 같은 아이돌 팬카페에 가입해서 활동한 적이 있거나, 온라인 클래스로 원격 수업을 받고, 쿠팡이츠와 같은 배달앱으로 음식을 주문해 봤다면 거울 세계를 경험한 거예요. 그뿐만이 아니에요. '로블록스' 같은 온라인 게임이나 스티븐 스필버그 감독이 제작한 영화 「레디 플레이원」이 바로 가상 세계이지요.

이렇게 메타버스는 처음 듣는 말 같지만 이미 우리 안에 있는 세상이고, 이제는 세계 경제의 중심이 되고 있어요. 이런 이유로 메타버스를 그저 먼 세상의 이야기로만 여겨서는 안 돼요.

놀이에 '푹' 빠진 사람들

클레오는 '포에버 왕국'의 아름다운 여왕이에요. 클레오 여왕은 자신의 아름다움을 영원토록 간직하고 싶었어요. 그런데 어느 날 흰머리가 보이고 잔주름이 생기기 시작했어요. 화가 잔뜩 난 클레오 여왕은 시종들에게 명령을 내렸어요. 영원히 늙지 않는 약초를 구해 오라고 말이죠. 그렇지 않으면 모두 죽임을 당할 거라고 엄포를 놓았어요.

그때 지혜로운 신하가 클레오 여왕의 가장 아름다운 모습을 사진으로 찍었어요. 동영상도 찍었지요. 그리고 동영상에 보이는 여왕의 모습에 날마다 다른 옷과 화장을 하며 여왕을 즐겁게 해주었어요. 물론 왕궁 안에 있는 거울은 모두 없애고 오직 영상과 사진 속의 모습만 보여주었죠. 화면 속 자신의 머리 모양과 옷 스타일을 바꾸는 놀이에 푹 빠진 클레오 여왕은 늙어 죽을 때까지 자신의 가장 아름다운 모습만 보며 늙는 줄 몰랐어요.

과연 이런 이야기가 있을까요? 물론 지어낸 이야기예요. 하지만 요즘 우리는 이런 세상에 살고 있어요. 스마트폰의 앱 기능은 나날이 발전해서 내 모습을 물리적으로 바꾸지 않아도 증강 현실(AR^{Augmentde Reality})로 예쁘고 멋지게 바꾸어 주지요. 증강 현실은 현실의 이미지에 가상 이미지를 겹쳐서 하나의 영상으로 보여주

는 기술이에요. 스마트폰 앱 중 '스노우'도 증강 현실[AR] 카메라예요. 얼굴을 자동으로 인식하여 내 얼굴에 스티커를 맞추어 다양한 장식을 할 수 있는 앱이지요. 그뿐만 아니라 다양한 캐릭터를 얼굴에 합성시켜 동영상이나 사진을 만들 수도 있고요.

스마트폰은 이제 우리들의 신체 일부가 되었다 해도 지나친 말이 아닐 거예요. 학교를 가도, 버스나 지하철을 타도, 친구들과 이야기할 때나 식사를 할 때, 심지어 화장실에 갈 때도 스마트폰을 내 몸의 일부처럼 꼭 붙잡고 있으니까요. 그렇다면 이 비싸고 내 몸과도 같은 스마트폰으로 현대인은 주로 무엇을 할까요? 사람들이 애플 앱스토어를 통해 무엇을 다운로드하는지 보면 알 수 있어요. 한국, 미국, 유럽 등 세계 시장별로 통계를 살펴보면 게임이 가장 많은 비중을 차지했고 그 뒤로 소셜 미디어, 동영상 스트리밍 앱들이 높은 비중을 차지했어요. 즉, 세계인들은 스마트폰을 주로 게임이나 소셜 미디어, 동영상 스트리밍에 활용한다는 이야기예요. 그렇다면 이런 활동이 사람들에게 어떤 의미가 있을까요?

고대부터 인류는 사냥과 생존 외에 놀이를 즐겼어요. 원시 시대 동굴 벽화에는 춤을 추거나 동물 가죽을 뒤집어쓰고 무언가 놀이를 즐기는 사람들의 모습이 있지요. 인류의 역사, 사람들의 모든 활동과 상호작용에는 기본적으로 놀이, 즐거움이 깔려 있다는 의미예요. 스마트폰은 그야말로 앉으나 서나 자나 깨나 놀이를 즐기기 위한 최고의 도구이죠. 스마트폰 세상에서 최고의 놀이 도구는 메타버스예요. 메타버스 중에서도 가장 먼저 등장했고 다양성과 규모 면에서 성장 속도가 가장 빠른 것이 가상 세계이지요. 대표적인 가상 세계는 온라인 게임이에요. 놀이를 좋아하는 사람들은 스마트폰을 가지고 온라인 게임을 즐기기 시작했으며 온라인 게임 문화가 가상 세계를 포함한 메타버스로 그 영역을 넓혀갔어요.

현대사회는 풍요의 시대로 굶어 죽는 사람보다 과식과 비만으로 죽는 사람이 많아졌고, 병이 들어 죽는 사람보다 늙어 죽는 사람이 더 많아졌어요. 먹는 것과 같은 기본적인 욕구와 안전을 지켜낸 사람들은 보다 높은 가치, 즉 영원히 행복하고 영원히 살고자 하는 욕심이 생겼어요. 그래서 언젠가 늙고 병들고 죽을 것이 뻔한 물리적인 아날로그 지구를 넘어서서 다양한 메타버스를 스스로 창조할 수 있는 디지털 지구로 몰리고 있는 거예요. 사람들은 자신만의 세계관, 생명체, 자원, 환경 조건 등을 메타버스에 설정해서 운영해요. 그리고 인간이 창조한 인공지능 캐릭터와 함께 어울려서 지내고자 해요. 마치 신이 된 것처럼 말이죠.

같은 곳에서 다른 꿈을 꾸다

　말순이네 가족은 네 식구예요. 사업을 하는 아빠, 아이들을 키우는 엄마, 직장에 다니는 스물여덟 살 언니, 그리고 초등학생인 말순이. 가족들은 저녁이면 다 같이 식사를 해요. 그러나 한자리에 앉아 있기는 하지만, 같이 식사를 하는 건지는 잘 모르겠어요. 아빠는 스마트폰으로 주식 시장을 보고 있고, 엄마는 스마트폰 앱에서 흘러나오는 트로트를 듣고 있어요. 언니는 연신 음식 사진을 찍어 인스타그램에 올리기 바쁘고요. 말순이는 친구들과 채팅을 하네요. 모두 한자리에 있지만 어쩐지 제각각 다른 장소에 있는 것처럼 보이는 건 기분 탓일까요?

　사람들은 막연하게 우리가 모두 한 공간, 하나의 지구에서 살아간다고 생각해요. 그러나 이것은 착각일지도 몰라요. 우리가 같이 있다고 느끼는 것은 단순히 물리적인 장소와 시간일지도 모르니까요. 부모님은 여러분이 무슨 생각을 하는지, 혹은 즐겨 보는 영상을 보며 '왜 저런 것을 좋아하지?' 하고 의아해하기도 하지요. 반대로 트로트만 나오면 소녀 팬처럼 좋아하는 엄마를 이해할 수 없을 때도 있죠. 옆 친구가 다른 별에서 온 것 같진 않나요? 우리가 같은 세상에 있다고 생각하지만, 실제로 우리는 모두 서로 다른 메타버스 세상에서 살고 있다는 증거예요.

전화가 무서워

상호는 친구들과 놀다가 배가 고파져서 중국집에 주문을 하려고 해요. 짜장면과 짬뽕을 골고루 시키기로 하고 전화를 걸어요.

"여보세요? 거기 중국집이죠? 여기 짜장면 두 개랑 짬뽕 두 개 주세요."

"네, 짜장면은 어떤 걸로 드릴까요? 짬뽕은 매운 걸로 하나요? 안 매운 걸로 할까요?"

중국집 주인이 자꾸 질문을 쏟아놓네요. 당황한 상호가 더듬으며 대답해요.

"어……, 짜장면은……, 어……, 뭐가 있는데요?"

"간짜장과 일반 있고요, 쟁반도 있어요."

"어……, 어……, 그러니까……."

생각이 나지 않나 봐요.

"……생각해 보고 이따 다시 걸게요……."

상호와 친구들은 전화로 주문하는 것이 두려워 스마트폰 앱을 이용하기로 했어요.

여러분은 음성 통화를 할 때 어떤가요? 상호처럼 두렵진 않은가요? 잡코리아의 2019년 조사에 따르면, 여러분보다 나이가 많

은 성인들도 절반 정도가 음성 통화를 할 때 두려움을 느낀다고 해요. 이런 현상을 '콜포비아'라고 하지요. 일반적으로 별로 위험하지 않은 상황이지만 필요 이상으로 공포심을 느끼는 증상을 포비아라고 해요. 전화기에 대고 듣고 말하기만 하면 되는데 무엇이 그토록 두려운 걸까요? 아마도 듣고 '바로' 말해야 하는 상황에서 실수를 할지도 모른다는 불안감에서 오는 두려움 때문일 거예요. 바로 답해야 하는 상황에서 거절을 못 하거나, 자신의 생각을 조리 있게 전달하지 못했을 때 매우 속상하겠죠. 혹은 상대방의 말을 제대로 이해하지 못해 오해가 생길 수도 있고요. 그래서 이런 음성 통화보다 문자, 소셜 미디어와 같은 메신저, 이모티콘, 카카오톡의 투표, 온라인 게임의 채팅을 더 좋아한다고 해요.

  예를 들면 음식을 주문할 때도 음성 통화보다 배달 전문업체 앱을 더 자주 사용해요. 메인 메뉴, 사이드 메뉴, 음료수, 소스, 배달 방법 등을 배달 앱에서 제시하는 대로 입력하는 거죠. 음성 통화로 주문하려면 상대방의 말을 이해하고 내 말을 이해하도록 만들어야 하는데, 굳이 그렇게 하지 않아도 앱을 보면서 차분하게 내가 원하는 것을 생각해서 전달할 수 있기 때문이겠지요.

메타버스에서 대화하는 법

 메타버스에서의 대화법은 크게 네 가지 측면으로 나뉘어요. 첫째는 '누가 말하고, 누가 듣는가'예요. 이것은 교장 선생님의 연설과 같이 한 명이 말하고 나머지 모두가 듣는 방식, 단체 대화방의 투표 기능이나 게시판과 같이 모두가 자신의 의견을 표시하고 그 의견을 정리하여 소통하는 방식, 회의와 같이 구성원들끼리 소통하는 방식, 1:1 카톡과 같이 단둘이 이야기하는 방식 등이 있어요.

 둘째, '대화할 때 익명으로 하느냐 실명으로 하느냐'이지요. 보통 아날로그 지구에서는 대부분 실명을 기본으로 해요. 반 친구들은 얼굴만 봐도 알기 때문에 익명으로 만나는 것은 불가능하지요. 길거리에서 누군가가 길을 물어볼 때도 그 사람의 이름과 개인 정보는 알 수 없지만, 얼굴과 목소리는 드러나기 때문에 완전히 익명이라고 볼 수 없어요. 그러나 디지털 지구에서는 나이도, 이름도, 성별도 모르는 익명이 훨씬 많아요. 여러분이 게임에서 자주 만난 친구들도 닉네임으로 만나기 때문에 어쩌면 여러분보다 훨씬 나이가 많거나 외국인일 수도 있지요.

 셋째, '시간의 흐름을 실시간으로 할지, 비실시간으로 할지'의 문제예요. 아날로그 지구의 소통은 기본적으로 실제 시간의 흐름

대로 하게 돼요. 즉, 여러분이 친구를 만나서 이야기할 때, 서로 묻고 답하고 이야기하는 것이 바로바로 이어져요. 그러나 메타버스에서는 비실시간으로 대화하는 경우가 많아요. 친구가 보낸 카톡 메시지를 바로 확인하여 실시간으로 대화를 하기도 하지만, 상황이 될 때까지 기다렸다가 대답을 할 수도 있지요. 그 결정도 모두 내가 하는 것이에요.

넷째, '나의 메시지를 어떻게 표현할지'예요. 소통 방법은 음성 통화 외에도 문자, 메신저, 이모티콘, 투표, 보기 선택, 상태 메시지창, 채팅 등 여러 가지가 있어요. 소셜 미디어에서 제공하는 '좋아요', '싫어요', '고마워요', '사랑해요' 등의 이모티콘 버튼은 우리의 소통을 대신해 주고 있을뿐더러, 버튼 클릭 한 번으로 편하고 정겹게 메시지를 보낼 수 있게 되었어요. 메타버스에서는 다양한 소통 방법을 통해 소통의 양과 질을 높이고 있네요.

자, 여기까지 읽고 나니 메타버스가 더 궁금해지지 않나요? 이제 현실에 환상과 편리함이 더해지고, 현실의 내 모습과 생활을 디지털 공간에 기록하고 공유하며, 현실 세계를 디지털 공간에 똑같이 옮겨놓는 메타버스로 여행을 떠나볼까요? 놀이공원에서 롤러코스터를 탈 때처럼 두렵지만 짜릿한 새로운 경험을 하게 될 거예요.

카카오 유니버스

　요즘은 멀리 있는 사람과 연락을 할 때 전화나 문자보다 카카오톡을 많이 쓴다고 해요. 심지어 바로 앞에 있는데도 말로 하지 않고 카카오톡으로 말을 걸 때도 있죠. 또 영화나 드라마, 예능에서도 '카톡'이라는 효과음과 함께 메시지를 전달하는 경우가 상당히 많아요. 2018년 트렌드 모니터의 조사에 따르면 카카오톡 같은 메신저를 음성 통화보다 더 많이 사용한다고 해요. 어떤 기종의 스마트폰이건, 어떤 통신사를 쓰든 카카오톡은 거의 모든 사람이 가지고 있는 필수 앱이 되었어요. 2010년 처음 카카오톡이 출시되었을 때 사람들은 '카카오는 어떻게 돈을 벌까?' '이렇게 모든 사람들이 카카오톡 서비스를 공짜로 사용해도 될까?' 하는 의문을 가졌어요. 그러나 10년이 지난 지금 주식회사 카카오는 한국인의 94.9퍼센트가 사용하는 강력한 도구가 되었지요.

　어떻게 카카오는 짧은 기간 안에 거의 모든 사람들의 소통 수단이 되었을까요? 이유는 세 가지 측면에서 설명할 수 있어요. 먼저 카카오톡이 가지고 있는 제품이나 서비스가 사용하기 편리하고 기능 또한 훌륭하다는 거예요. 둘째는 카카

오톡과 함께 사용할 수 있는 외부 서비스나 앱이 상당히 많다는 것이지요. 셋째는 카카오톡을 사용하는 가족이나 친구들이 아주 많다는 거예요.

  이러한 고객을 기반으로 카카오는 현실 세계의 다양한 산업을 거울 세계로 끊임없이 빨아들이고 있어요. 교통 분야에서는 길 찾기, 택시 부르기, 대리운전, 내비게이션, 버스 노선 안내, 지하철 노선 안내, 주차장 찾기가 있고, 금융 분야에서는 인터넷 결제를 중개해 주는 카카오페이, 온라인 주식 거래 서비스, 은행 서비스를 제공해 주는 카카오뱅크 등이 있어요. 이뿐만이 아니에요. 미디어 분야에서는 카카오페이지에서 웹소설, 웹툰, 순수 문학 등의 콘텐츠 서비스를 제공하고 있으며 카카오TV까지 운영하고 있지요. 심지어 미용실 예약을 지원하는 카카오헤어샵도 있었어요. 이렇듯 카카오 유니버스는 점점 더 성장할 것이며 다양한 분야에서 우리의 생활 깊숙이 파고들 거예요.

02
메타버스
세상 속으로 고고!
▶▶▶ **증강 현실 세계**

방 탈출 카페

혹시 돈을 내고 감옥에 가고 싶은 사람이 있을까요? 아마 실제라면 한 사람도 없을 거예요. 하지만 놀이라면 괜찮지 않을까요? 바로 방 탈출 카페 이야기예요. 방 탈출 카페는 여러 단서로 추리를 하여 제한된 시간 내에 방 안에 있는 모든 자물쇠를 풀고 정해진 공간에 도달하면 우승하는 게임이에요. 앞서 얘기한 돈을 내고 감옥에 가는 상황이 메타버스 세상이라 가능한 거죠. 방 탈출 카페는 2007년쯤 일본을 시작으로 유럽과 미국으로 전파되다가, 싱가포르를 중심으로 아시아 전역으로 확산되었어요. 우리나라는 2015년 이후 홍대 지역에 처음 문을 연 후 전국으로 퍼져갔죠.

그런데 감금 상황을 돈을 내고 경험하고 싶은 건 왜일까요? 아마도 새로운 세상에 대한 호기심과 모험심 때문일 거예요. 방 탈출 카페는 이러한 호기심을 이용하여 현실 세계를 배경으로 새로운 이야기를 더한 것이죠. 이것이 바로 메타버스의 한 영역인 증강 현실이에요. 방송에서도 방 탈출 카페를 응용해서 여러 가지 프로그램을 제작했어요. tvN은 대규모 방 탈출 게임을 테마로 해서 「대탈출」이란 콘텐츠를 시리즈로 제작하기도 했어요.

최근에는 몇몇 기업을 중심으로 방 탈출 카페를 야외에서 대규모로 즐기기도 했어요. 우리나라에서 대표적인 것이 '플레이더월드'예요. 스마트폰으로 '플레이더월드' 사이트에 접속하면 그 지역에 있는 여러 단서를 조합해서 방 탈출 게임을 즐길 수 있어요. 재미있는 것은 이 지역들을 지나다 보면 방 탈출을 하고 있는 사람들을 만나게 돼요. 하지만 그 사람들과 우리는 한 공간에 있지만 서로 다른 세상에 사는 것이죠.

▲ '플레이더월드'

또한 야외로 나가기 싫거나 탐정놀이를 하고 싶은 친구들은 구독 경제 서비스를 이용할 수 있어요. 바로 '헌트어킬러'라는 홈페이지에서 원하는 사건을 선택하면 사건에 관한 단서를 풀 수 있는 물건들을 담은 상자가 집으로 배달돼요. 자신의 추리를 헌트어킬러에 보내서 용의자를 줄이고 다시 단서가 든 상자를 받는 과정을 반복해서 범인을 잡아낼 수 있어요. 메타버스 증강 현실 게임을 통해 셜록 홈스 같은 명탐정의 삶을 살아보는 셈이죠.

현실 세계에 덧입혀진 환상의 세계

1990년대 후반 처음 등장한 증강 현실은 현실 세계의 모습 위에 컴퓨터 그래픽과 같은 가상의 물체를 덧씌워서 보여주는 기술로 시작되었어요. 몇 년 전, 전 세계적으로 엄청난 인기를 끌었던 '포켓몬고'가 대표적이죠. '포켓몬고'는 거리나 특정 장소에서 게임 앱을 보면 현실 세계에 포켓몬이 나타난 것처럼 보이는데, 이 포켓몬을 수집하는 단순한 놀이예요. 사람들은 이 놀이에 빠져 위험을 무릅쓰고 포켓몬을 잡다가 다치는 경우도 있었지요. 그렇다면 이렇게까지 증강 현실이 인기 있는 이유는 무엇일까요? 그건 신기함 때문일 거예요. 가령 평범한 숲이라는 현실 세계에 스마트폰의 증강 현실 앱을 스캔하면 그 숲에서 공룡이 나타나 입체적으로 재생되는 것이죠. 이런 마법 같은 모습이 놀랍기도 하고 신기하기도 해요.

증강 현실의 개념 중 일반적으로 잘 알려진 것은 스마트폰이나 컴퓨터를 통해 보는 현실의 모습 위에 만들어 낸 가상의 물체를 입혀서 보고, 상호작용 하는 방식이에요. 다시 말해 렌즈나 스마트폰 앱을 활용하여 실제 존재하지 않지만 현실 세계에 가상의 물체를 덧씌우는 것이 증강 현실 메타버스예요.

스마트폰 속 땅따먹기

증강 현실을 활용한 메타버스 게임 중 땅따먹기 게임이 있어요. 나이앤틱의 '인그레스'가 바로 그것인데요. 나이앤틱은 미국 캘리포니아주 샌프란시스코에 위치한 IT 기업이에요. 구글에서 독립한 나이앤틱은 '포켓몬고'를 개발한 회사로, '인그레스'라는 온라인 위치 기반 증강 현실 콘텐츠를 운영 중이에요.

'인그레스' 참가자들은 계몽군과 저항군의 두 팀으로 나눠서 땅을 뺏는 전쟁을 벌여요. 참가자들은 '인그레스' 안에서 요원의 신분을 맡게 되는데 스마트폰의 GPS를 이용해서 구글의 지도와

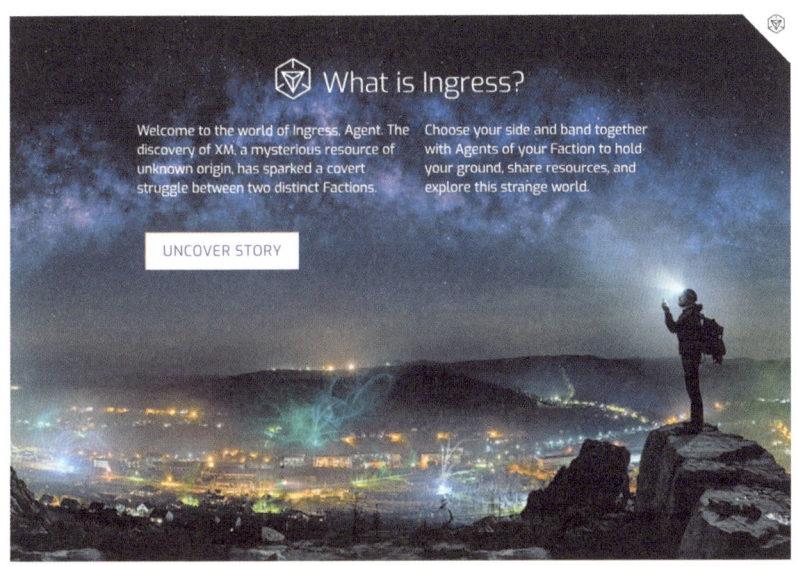

'인그레스' ▲

연동하여 게임을 시작해요. 스마트폰을 들고 자신의 동네를 돌아다니며 포탈에 거점을 표시하면 내 소유의 땅이 되지요.

여기에는 몇 가지 생각할 문제가 있어요. 첫째는 요원 간에 물리적인 접촉이 생기는 경우예요. 동네를 돌아다니다가 같은 장소에서 다른 '인그레스' 요원과 마주칠 수 있겠죠. 더구나 그 요원이 내 땅을 빼앗아 간다면 서로 물리적으로 충돌할 수도 있을 거예요. 현실과 분리된 메타버스이지만, 현실을 기반으로 하기 때문에 뜻하지 않게 현실 세계에서 충돌이 발생할 수 있다는 점이지요.

둘째는 소유권에 대한 문제예요. '인그레스'의 지도에 나오는 땅은 현실 세계에서 실제로 주인이 있어요. 하지만 게임 속에서는 요원 중 먼저 차지하는 사람이 주인이 되지요. 이런 경우 '인그레스'를 즐기는 과정에서 다른 사람이 내 땅이라며 뛰어놀고, 그 땅에 광고라도 붙여서 수익을 얻는다면, 진짜 땅 주인의 입장에서는 기분이 좋지 않을 거예요.

증강 현실 세계를 통한 환상의 현실 세계

증강 현실 개념을 좀 더 활용하여 현실의 어떤 공간에 상상에서나 가능한 환상을 보여주는 방식이 있어요. 즉, 현실 공간에 기계 장치를 설치하고 이 기계를 통해 현실에서는 볼 수 없는 것들을 보고 경험하게 하는 거예요. 코카콜라가 만들어 낸 '눈 내리는 싱가포르'가 이 경우예요. 눈이 내리지 않는 더운 지역인 싱가포르에 어떻게 눈이 내렸을까요?

코카콜라는 2014년 겨울, 추운 핀란드와 더운 싱가포르를 연결하는 매우 흥미로운 홍보 이벤트를 진행했어요. 전 세계를 연결한다는 것이 코카콜라의 목표였죠. 코카콜라는 싱가포르에 눈 내리는 크리스마스를 선물하기 위해 '윈터 원더랜드 머신'이라는 새로운 장치를 제작해서 하나를 핀란드 라플란드의 산타마을에 설치하고 다른 하나를 싱가포르 래플스 시티에 설치했죠. 두 기계에는 공통적으로 카메라와 커다란 모니터가 설치되어 있어 핀란드에 설치한 기계 앞에 누군가 다가가면 그 모습이 인터넷을 통해 실시간으로 싱가포르에 설치한 기계의 모니터에 나타나요. 반대로 싱가포르에 설치한 기계에 누군가 다가가면 그 모습이 핀란드에 설치한 기계의 모니터에도 나타나게 되지요. 마치 화상 통화와 같아요. 그런데 여기서 끝이 아니에요.

핀란드 산타 마을에 설치한 자판기 모양의 기계 아랫부분에는 눈을 퍼서 담는 투입구가 있고 그 옆에는 눈을 풀 때 쓰는 큰 삽이 있어요. 누군가 지나가다가 삽으로 눈을 퍼서 기계의 투입구에 넣으면 싱가포르에 설치한 기계 윗부분의 인공 제설기에서 눈을 뿌려주는 거죠. 실제로 눈을 볼 수 없는 싱가포르 사람들은 눈이 내리는 환상적인 분위기와 함께 로맨틱한 크리스마스를 맞이했을 거예요.

　코카콜라는 지극히 과학적이고 공학적인 기술로 핀란드와 싱가포르를 연결한 메타버스를 구현했어요. 그러나 단순히 새로운

기술을 선보였다는 것만이 아니라 이러한 기술을 통해 따뜻한 감성과 놀라운 판타지를 동시에 제공했다는 점을 주목해야 해요. 앞으로 메타버스가 나아가야 할 방향을 보여준 것이니까요.

현실 세계에 새로운 이야기를 덧입혀라

앞에서 보여준 증강 현실 메타버스보다 더 큰 증강 현실 개념으로는, 현실 세계에 눈에 보이는 물체를 덧입히는 것이 아니라

눈에 보이지 않는 이야기를 덧입히는 경우가 있어요. 즉, 현실 세계를 배경으로 새로운 세계관과 스토리, 규칙을 만들어, 참가자들이 현실 세계에서 그 규칙을 서로 지키고 소통하며 즐기는 방식이에요.

여러분은 혹시 남의 물건을 훔쳐본 적이 있나요? 만약 실제로 그런 일을 하면 큰일 나겠죠? 남의 물건을 도둑질하는 것은 법으로 금지되어 있어요. 그러나 메타버스에는 버젓이 도둑질을 하고도 박수를 받고 상도 받는 일이 있어요. 오스트레일리아의 멜버른에 있는 고급 호텔 체인인 아트 시리즈 호텔이 만든 메타버스로, 이 호텔은 유명 예술가의 작품을 전시하는 걸로 유명하지요. 아트 시리즈 호텔 체인은 비수기인 여름철에 호텔 객실 1,000개를 팔기 위해 이벤트를 진행했어요. 영국의 얼굴 없는 화가로 잘 알려진 그래피티 아티스트 뱅크시의 작품, 「노 볼 게임즈No Ball Games」라는 작품을 1만 5,000달러에 구매하여 호텔 체인 중 한 곳에 전시하고 고객들에게 그 그림을 훔쳐 가라고 알렸어요. 총, 칼로 위협하는 행위나 폭력을 금지했고 평화적인 방법으로 훔친 손님이 이 그림을 갖게 되는 단순한 게임이었어요. 단, 이 게임에 참가하려면 아트 시리즈 호텔에 묵어야 하지요.

순식간에 많은 사람들, 심지어 유명 연예인까지 그림을 훔치려고 이 호텔에 묵으며 호시탐탐 기회를 노렸고, 호텔 측은 이런

메건 애니와 모라 투이 ▲

시도가 담긴 CCTV 영상을 소셜 미디어에 올렸어요. 물론 손님들의 동의가 있었죠! 이 이벤트는 그야말로 대박이 났고, 여러 해외 뉴스에도 소개되었어요. 결국 뱅크시의 그림은 메건 애니와 모라 투이라는 두 명의 여성이 훔치는 데 성공했어요. 매건 애니와 모라 투이가 그림을 훔쳤다는 소식은 소셜 미디어를 통해 빠른 속도로 퍼져나갔고, 이 이벤트는 클리오 광고제에서 인터랙티브 부분 동상, 칸 국제 광고제에서 PR 부문 황금 사자상을 받기도 했지요. 물론 호텔 측은 전체 객실 1,500개가 다 팔리고, 투자금의 세 배에 달하는 수익을 얻었어요. 대성공인 셈이죠.

스틸 뱅크시 이벤트는 메타버스에 새로운 방법을 제시했어요. 바로 증강 현실이라고 반드시 렌즈나 스마트폰 앱과 같은 기술이 동원되지 않아도 된다는 거예요. 기술보다 중요한 것은 현실에 무엇을 덧씌워서 사람들의 놀이를 추구하는 감각, 경험, 생각을 증강하거나 다른 곳으로 이끌 수 있는가 하는 것이지요.

왜 증강 현실 메타버스인가?

이와 같은 증강 현실을 직접 겪어보면 마치 다른 세상 속에서 살고 있는 느낌이 들 거예요. 앞서 이야기한 것처럼 사람들은 놀이 문화를 매우 중요하게 생각해요. 그리고 놀이를 통해 매혹, 도전, 경쟁, 완성, 통제, 발견, 자기 표현, 판타지, 동료 의식, 휴식, 가학, 감각, 모방, 전복, 고난, 공감, 전율과 같은 20여 개의 감정을 느낀다고 해요. 그렇다면 이런 증강 현실이 주는 가치는 무엇일까요?

첫째는 판타지예요. 현실에는 없는 캐릭터가 현실 세계에 나타나고 막혔던 골목에서 『해리 포터』처럼 킹스크로스역의 9와 3/4 승강장이 나타나 기차가 서고, 또는 내가 도둑이 되어 다이아몬드를 훔치는 경험을 할 수 있지요. 증강 현실은 사람들이 놀

　이를 통해 느끼는 감정 중 판타지를 느끼는 데 있어 아주 훌륭한 장치인 셈이죠.

　둘째는 편리함이에요. 사실 증강 현실 기술을 가장 적극적으로 받아들이는 분야는 군사 분야예요. 자동차 앞 유리에 내비게이션이나 속도와 같은 정보가 나타나는 전방 표시 장치(HUD head-up display)는 군용기 조종석에 장착되고, 근래에는 아예 신형 조종사 헬멧을 구성하는 머리에 착용하는 디스플레이(HMD head-mounted display)로까지 발전했어요. 이제 아이언맨의 조준 장면, 비행 경로 설정 장면 등이 더 이상 영화에서만 나오는 장면이 아닐 수도 있을 거예요. 또한 증강 현실 기술은 많은 예능 프로그램에서 자막, 효과음, 이모티콘 등으로 표현되어, 우리가 깊게 생각하거나 주의를 기울이지 않아도 새로운 정보를 끊임없이 전달해 줘요. 또한 우리가 원하든, 원치 않든 간에 우리의 감각을 말 그대로 '증강'하여 최대치로 만들어 주지요.

너는 상상하지 마!

우리의 뇌는 수많은 정보를 처리하고 저장하며 무언가를 결정하고 우리의 몸을 움직이는 일을 쉼 없이 하고 있어요. 이런 것들을 '생각하다'라고 말할 수 있겠죠. 이렇게 인간의 뇌는 오감을 통해 들어오는 정보를 초당 1,000만 비트 정도로 받아들여요. 1,000만 비트의 신호는 글자로 따지면 대략 100만 자가 넘는 어마어마한 양이죠. 그러나 우리 뇌는 이 많은 정보를 모두 처리하지 못한다는데, 이것은 다행일까요, 불행일까요? 어쨌든 초당 1,000만 비트로 들어오는 정보 중 대부분은 버리고 받아들이는 정보량은 초당 50비트 남짓이에요. 다시 말해 우리 뇌는 고작 0.005퍼센트의 정보만 사용하고 나머지는 버리는 거죠.

증강 현실 장치는 우리의 뇌를 자극하여 정보를 효율적으로 전달하는 것과 동시에 보고, 듣고, 느끼는 감각을 사용해 우리에게 강한 실재감을 전해줘요. 즉, 머리로 생각하고 상상하는 것들이 증강 현실 앱을 활용하면 내 눈앞에 펼쳐지는 것이죠. 예를 들면 공룡은 언젠가 지구상에 살았지만 지금은 볼 수 없어요. 그래서 많은 사람들의 상상 속에서만 존재하는데, 증강 현실 앱을 활용하면 내 눈앞에서 공룡들이 풀을 뜯어 먹기도 하고 서로 싸우며 영역을 차지하기도 하는 것이죠.

이런 현상은 현재 온라인 콘텐츠에서 더 분명하게 나타나요. 수많은 온라인 콘텐츠에서 자막이나 이모티콘은 없어서는 안 될 필수 조건이 되었어요. 실제로 촬영한 영상 위에 자막이나 이모티콘을 덧입힘으로써, 내가 굳이 생각하고 상상하지 않아도 얼마든지 재미를 느낄 수 있지요. 예를 들어 두 사람이 뛰어가는 장면을 소리나 자막 없이 날것으로 보여준다면 사뭇 밋밋하게 보이겠지만, 긴장감 넘치는 음악과 자막, 이모티콘과 같은 여러 장식들을 덧입힌다면 두 사람이 서로 쫓고 쫓기는 것처럼 스토리가 생겨 재미를 추가하게 되겠죠.

하지만 주의할 것은 우리의 생각을 방해할 수도 있다는 점이에요. 가령 강아지가 어린아이를 핥고 있는 장면에서 어린아이의 말풍선에 '아이 좋아'라고 쓴다면 우리는 그 영상을 보고 강아지와 어린아이의 관계가 좋아 보일 거예요. 그러나 엄밀히 말하면

무서워서 굳은 것인지 좋아서 잠자코 있는 것인지는 어린아이와 강아지 외에는 누구도 알 수 없지요.

이렇게 증강 요소들은 우리가 많은 주의력을 기울이지 않아도 우리에게 정보를 제공해 주고, 우리의 이해와 감정을 콘텐츠 제공자가 의도한 방향대로 손쉽게 이끌어 가지요. 놀랍거나 재미있지 않은 영상에 자막과 음향 등이 입혀져서 웃음을 자아내기도 하고 공포로 몰아넣기도 하죠. 우리는 이러한 현상에 주목해야 해요. 왜냐하면 콘텐츠 제공자의 의도대로 정보를 이해하게 되는 것은 자칫 인간의 고유한 능력인 상상력을 퇴화시킬 수 있기 때문이지요. 어쩌면 콘텐츠 제공자가 메타버스 속 사람들의 상상력까지 마음대로 주무르는 통제된 세상에서 살게 될지도 몰라요.

죽은 사람이 살아 있다?

혹시 거북이를 아시나요? 2000년대에 거북이는 희망차고 따뜻한 메시지를 노래하는 그룹이었어요. 그런데 2008년 싱어송라이터이자 리더인 터틀맨이 병으로 세상을 떠났어요. 그룹 거북이는 해체되었고, 팬들은 큰 슬픔에 빠졌지요. 그런데 이 거북이가 2020년 신곡을 발표했어요. 바로 엠넷의 「AI 음악 프로젝트 다시 한번」을 통해서이지요. 이 프로그램은 인공지능 기술을 활용해 추억 속의 가수들을 무대 위로 소환했어요.

인공지능이 아티스트의 무대를 수십만 번 보고 학습한 후 그의 표정과 음색을 따라 하는 기술인데, 단순히 목소리뿐 아니라 감정과 느낌을 담아 재현할 수 있다고 해요. 거북이의 터틀맨은 살아 있을 때의 모습 그대로 다른 멤버들과 함께 노래를 부르고 춤을 추는 무대를 선보였는데, 터틀맨의 가족들은 물론 관객들도 감동과 그리움으로 눈시울을 붉혔어요.

이렇게 기존 멤버들이 AI 기술로 되살아난 멤버와 함께한 증강 현실 무대는 매우 폭발적이고 신기했어요. 하지만 이러한 기술이 모두 옳다고는 볼 수 없을 것 같아요. 현실과 가상을 구분하지 못하는 사람에게는 현실을 제대로 인식하지 못해 혼란에 빠지는 경우가 생길 수도 있으니, 그 경계는 분명히 있어야 할 거예요. 또한 이런 기술이 나쁜 일에 사용되지 않도록 경계해야 할 필요도 있어요.

교육 현장에 활용되는 스마트 팩토리

스마트 팩토리란 제품을 만들어 내는 전 과정이 무선 통신으로 연결되어 자동으로 이루어지는 미래형 공장을 말해요. 증강 현실은 제조 현장, 공장의 환경까지 변화시키며 이런 스마트 팩토리를 현실화하고 있어요. 스마트 팩토리는 모든 설비와 장치가 무선 통신으로 연결되어 있기 때문에, 실시간으로 전 과정을 모니터링하고 분석할 수 있어요. 스마트 팩토리 안에서는 공장 곳곳에 센서와 카메라를 부착하여 데이터를 수집하고 플랫폼에 저장해 분석하지요.

작업 현장에서 근로자들은 증강 현실을 적용하여 실물 위에 겹쳐서 보이는 이미지를 통해 작업 진행에 필요한 다양한 정보를 얻게 돼요. 또한 어디에서 불량품이 발생하는지, 어느 기계가 제대로 작동하지 않는지 등을 알 수 있지요. 이러한 정보를 토대로 작업 과정의 오류를 최소화하고 작업 중단을 큰 폭으로 예방하는 것이 가능해졌어요.

유럽의 항공기 제작회사인 에어버스에서는 '미라'라는 증강 현실 시스템을 통해 제작 중인 항공기의 모든 정보를 엔지니어들에게 3차원으로 제공하고 있어요. 이로써 브래킷 검사에 필요한 소요 시간을 3주에서 단 3일로 단축하기도 했대요.

증강 현실은 현장 근로자들에게 제조 과정에 필요한 각종 기술을 교육하는 데에도 많이 쓰여요. 실제로 공장을 방문하지 않아도 교육 과정에서 근로자들이 공장에서 실습을 하는 듯한 상

황을 연출하여 몰입감을 높이기도 하지요. BMW는 이러한 증강 현실을 엔지니어 교육에 도입하여, 교관 한 명이 엔지니어 한 명을 교육하던 방식을 교관 한 명당 세 명을 동시에 교육하는 등 교육 원가를 상당히 낮추었어요. 동시에 학습 성과에서도 기존 방식과 동일한 결과를 얻었다고 해요.

앞으로는 학교 수업을 대신하는 온라인 클래스도 증강 현실을 활용한 기술을 접목해 더욱더 발전할 거예요. 이렇듯 증강 현실은 안전도를 높이고 작업 시간을 줄이며 품질을 높이고 교육 원가를 줄이는 등 다양한 효과를 보이며 생산 현장과 공장을 바꿔 가고 있어요. 하지만 학교만큼은 공부만이 아닌 사회성을 기르는 공간이므로, 좀 더 다양한 방법으로 증강 현실을 활용한 메타버스가 활용되면 좋겠어요.

새로운 나를 창조하라 - 제페토

'제페토'는 네이버의 자회사인 네이버제트가 선보인 서비스로, 증강 현실에 라이프로깅의 소셜 미디어와 스마트폰이나 컴퓨터 속에 만들어진 3차원의 세계인 가상 세계를 합친 플랫폼이에요.

제페토는 매우 다양한 기능을 제공하고 있는데, 첫 번째 기능은 3D 기술과 증강 현실을 접목한 강력한 아바타 서비스예요. '아바타'라는 표현도 '메타버스'처럼 소설 『스노 크래시』에서 처음으로 등장했어요. 아바타란 온라인 환경에서 나를 대신해주는 캐릭터, 분신을 의미해요. 제페토에서 사용자는 자신의 모습을 본떠 만들어진 3D 아바타를 가지고 소셜 미디어 활동과 가상 세계에서 다른 사용자들과 어울려 소통하며 게임도 즐겨요.

제페토의 두 번째 기능은 마켓플레이스 플랫폼을 제공한다는 거예요. 즉, 제페토에서는 다양한 의상과 아이템을 직접 제작해서 자신이 사용하거나 다른 사용자에게 판매해서 수익을 올릴 수 있는 시장 기능이 있어요.

세 번째는 소셜 미디어 기능이에요. 나의 3D 아바타를 주

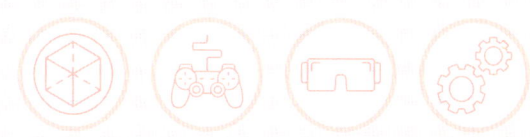

인공으로 나만의 개성이 가득한 공간을 꾸밀 수 있지요. 실제 인테리어를 하는 것처럼 벽, 바닥, 소품 등을 사용해서 페이지를 꾸며요. 그리고 포토부스에서 사진을 찍어 인스타그램에 올리기도 하지요.

 제페토의 마지막 기능은 아바타들이 즐길 수 있는 게임과 이벤트 공간을 사용자가 직접 제작해서, 실시간으로 소그룹이나 일대일로 소통을 할 수 있는 거예요. 이러한 제페토 서비스는 2018년 8월에 시작해서 현재까지 엄청난 인기를 누리며 가입자가 계속해서 늘어나는 추세예요. 특히 10대 이용자가 80퍼센트나 돼서 10대들을 위한 글로벌 서비스로 성장하는 중이라고 해요.

 현실의 내 모습이 아닌 아바타로 사람들과 소통하는 이런 방식이 어른들의 눈에는 조금 이상해 보일 수도 있어요. 하지만 잘 꾸민 예쁜 모습의 아바타는 현실 속의 내 모습을 부정하는 것이 아니라, 메타버스 속 판타지를 이용한 새로운 소통 창구라고 생각하고 재미있게 즐기는 건 어떨까요?

03
메타버스
세상 속으로 고고!
▶▶▶ 라이프로깅 세계

남들은 어떻게 살까요?

'라이프로깅'이란 자신이 사는 현실 세계에서 어떻게 생활하고 누구를 만나고 무슨 생각을 하는지 등 삶에 관한 여러 가지 경험과 정보를 기록하여 저장하고, 어떨 때는 여러 사람과 공유하는 활동을 말해요.

요즈음 TV 프로그램은 연예인은 물론이고 일반인들의 삶을 들여다보는 이른바 관찰 예능이 무척이나 많아요. 그중 다큐멘터리에 가까운 KBS의 장수 프로그램인 「인간극장」은 '보통 사람들의 특별한 이야기, 특별한 사람들의 평범한 이야기를 비롯한 우리 이웃들의 실제 삶을 밀착 취재하여 다른 사람의 삶에 대한 공감대를 형성하고 동시에 자신의 삶을 성찰한다'라는 기획 의도처럼 보통 사람들의 라이프로깅을 잘 보여주고 있어요.

또한 MBC의 인기 예능인 「나 혼자 산다」는 유명인을 주인공으로 한 인간극장이라고 볼 수 있어요. 이러한 포맷은 SBS의 「미운 우리 새끼」, tvN의 「온앤오프」 등 관찰 프로그램에서도 볼 수 있어요. 사실 관찰 예능 프로그램은 어디까지가 사실이고 어디까지가 설정인지, 즉 드라마처럼 얼마나 연기적인 측면이 있는지 알 수 없는 경우가 많아요.

엄밀히 말하면, 이러한 프로그램들은 라이프로깅 메타버스라고 보기 어려워요. 왜냐하면 특정한 사람에 대한 라이프로그를 보여주긴 하지만 실시간으로 다른 사람들이 의견을 줄 수 없을 뿐 아니라, 서로 교감할 수도 없기 때문이에요. 하지만 어떤 사람에 대한 생활을 보여주고 사람들과 삶을 공유하며, 게시판이나 언론 등을 통해 간접적으로나마 다른 사람들이 의견을 전달한다는 면에서는 넓은 의미로 라이프로깅의 예라고 볼 수도 있지요.

보여주고만 싶은 나

라이프로깅은 생활하면서 보고 듣고 느끼는 여러 가지 경험과 정보를 기록하여 저장하고 때로는 다른 사람들과 공유하는 활동을 말해요. 요즈음 사람들이 자주 사용하는 소셜 미디어인 페이스북, 인스타그램, 트위터, 카카오스토리 등이 모두 라이프로깅 메타버스에 해당하지요. 어떤가요? 우리는 이미 메타버스 속에 살고 있다는 것이 실감 나지 않나요? 라이프로깅을 하는 사람들은 자신이 살아가는 모습과 자신에게 일어나는 모든 순간들을 사진이나 그림, 이모티콘과 같은 텍스트 이미지, 동영상 등으로 기록하고 이것들을 온라인 플랫폼에 저장해요. 일기와 같은 것이죠. 또한 다른 사람들이 올린 라이프로깅 저장물을 보고, 거기에

자신의 생각을 텍스트나 이모티콘으로 감정을 표시하죠. 다른 사람과 공유하기 위해 자신의 라이프로깅 사이트에 가져오기도 하고요. 마치 다른 사람의 일기를 엿보는 것처럼 말이죠. 물론 훔쳐보는 것은 아니지만요.

 과거의 일기는 숙제로 하는 경우를 빼면, 나만의 추억거리나 혹은 남에게는 보이기 싫은 감정을 쓰는 경우가 많았어요. 그렇다면 21세기의 일기와 같은 라이프로깅은 무엇을 기록하는 걸까요? 사람들이 소셜 미디어에 주로 공유하는 내용은 자신의 생각,

자신이 하고 있는 활동, 자신이 추천하고 싶은 것, 관심 있는 뉴스 기사, 관심 있는 다른 사람의 라이프로그, 자신이 느끼는 감정, 자신의 미래 계획 순이라고 해요.

언뜻 보면 과거의 일기와 다를 것이 없다고 느껴지기도 하겠지만, 주목할 것은 이 과정에서 '편집'이라는 현상이 나타난다는 점이에요. '편집'은 편집자의 관점에서 필요없다고 생각되는 부분을 삭제하거나 이리저리 보기 좋게 다시 모아놓는 것이죠. 즉, 현대의 라이프로깅을 통한 기록은 자신의 실제 모습과 생활 중에서 다른 사람에게 알리고 싶지 않은 모습은 대부분 삭제한다는 거예요. 삭제하고 남은 부분 역시 그대로 올리는 것이 아니라 보기 좋게 다듬어서 올리지요.

라이프로깅의 30퍼센트 이상이 사진이라고 하는데요. 그래서 멋진 포즈, 위험해도 다른 사람이 놀라거나 부러워할 만한 장소에서 찍은 사진을 좋아해요. 스마트폰의 기능 중 카메라의 성능이 나날이 좋아지는 것도 이런 현상에서 비롯된 것이라고 할 수 있어요. 결국 현실의 나의 모습 중 누구에게도 보여주고 싶지 않은 모습은 빼고, 누가 보아도 '좋아요', '멋져요'라고 말할 수 있는 보여주고 싶은 이미지만을 조금 더해서 즐기는 것이 라이프로깅의 목적인 셈이죠.

메타버스 속 너의 의미

현실 세계에서 친구와 사귀고 만나려면 어떻게 하나요? 학교나 학원을 같이 다니고, 떡볶이 같은 간식도 같이 먹고, 게임도 함께 할 거예요. 또 친구를 만나기 위해 걸어가거나 버스나 지하철을 탈 수도 있지요. 그러나 라이프로깅 메타버스에서 누군가를 만날 때는 버스나 지하철을 타는 대신 와이파이를 타고 인스타그램과 같은 소셜 미디어를 통해요. 그렇다면 SNS에서 여러분은 어떤 사람들과 연결되어 있나요? 아마도 관심 분야가 같은 사람들이 친구 목록에 많을 거예요. 그 사람들이 아는 사람이건 몰랐던 사이일지라도요.

그렇다면 현실 세계에서도 친구들을 사귈 수 있는데, 왜 굳이 소셜 미디어를 통해 친구를 사귀는 걸까요? 그것은 아마도 자신이 겪은 좋은 일이나 나쁜 일에 대해 더 많은 사람으로부터 인정이나 축하, 그리고 위로나 격려를 받고 싶은 마음 때문이 아닐까요. 게다가 소셜 미디어는 특성상 현실에서보다 많은 사람과 만날 수 있고 반응도 더 빨리 받을 수 있기 때문에 더 행복하거나 위로가 되거든요.

이것을 의학적으로 설명한다면, 인간은 즐거운 일이 있을 거라는 기대감에 '도파민'이라는 호르몬이 분비되고, 실제로 즐거운 일이 생기면 '엔도르핀'이라는 호르몬이 분비되면서 쾌락과 같은 행복감을 느낀다고 해요. 여기서 중요한 것은 이 감정은 끝이 없다는 점이에요. 따라서 우리는 끝도 없는 즐거움을 위해 소셜 미디어에 무언가를 끊임없이 올리고 다른 사람의 반응을 살피고 자신도 반응하게 되지요.

그러나 여기에는 비밀이 있어요. 이 끝도 없는 즐거움이 처음에는 다섯 개의 좋아요, 단 한 개의 댓글에도 행복해했는데, 시간이 갈수록 더 많은 좋아요와 댓글을 원하게 된다는 것이지요. 마치 칭찬에 목말라하는 어린아이들과 마찬가지로 소셜 미디어를 통해 좋은 일에는 점점 더 많이 칭찬을 받고, 나쁜 일에는 더욱더 큰 위로를 받고 싶은 마음이 들게 되는 거예요. 이런 현상은 인간이 가지는 솔직한 감정이므로 너무나도 자연스러운 일이에요. 다만 소셜 미디어 속 반응에 너무 깊이 빠지면 현실 세계와 단절될 수 있으므로 적당한 선에서 자신을 통제하면 좋겠어요.

오늘부터 절교야!

여러분은 현실 세계에서 마음에 들지 않는 친구가 있다면 어떻게 하나요? 아마 쉽게 그 관계를 끊어내지 못할 거예요. 하지만 소셜 미디어에서 우리는 비슷한 사람들끼리 비슷한 이야기로 모이지만, 이 사람들은 언제라도 친구 관계를 끊어낼 수 있어요. 페이스북이나 인스타그램에서 가끔은 마음에 들지 않는 친구들을 만나기도 해요. 내가 올린 사진이나 글에 비난이나 조롱을 한다든지 허풍이 가득한 글을 보면 불편해지기도 하지요. 이럴 때 우리는 현실 세계와 달리 불편해도 참기보다 '친구 끊기' 버튼을 눌러 친구 관계를 끊어요. 이렇게 소셜 미디어에서 생기는 인간관계와 소통에서는 현실 세계와 다르게 깊이 끼어드는 것을 통제하게 되는데, 이를 어려운 말로 '통제감 효과'라고 해요. 라이프로깅 메타버스에서는 자신의 삶을 편하게 기록하고 어렵지 않게 많은 사람과 공유하지만, 조금 싫다는 생각이 들 때는 기록을 삭제하거나 공유를 막는 것이 일반적인 반응이에요.

여기서 한 가지 생각해 볼 것이 있어요. 현실 세계의 친구 관계보다 SNS 활동을 통한 친구 사귀기에 더 열중한다면, 이러한 이유 때문에 외롭고 허전하다는 생각을 하기 쉬워요. 나의 보기 좋은 모습만 보이고 또 상대방의 좋은 모습만 보게 되면, 서로를 제대로 알지 못하기 때문이지요. 서로 이해하는 정도가 얕아 오해가 생기면 언제라도 쉽게 친구 끊기를 하게 돼요. 따라서 소셜 미디어를 통해 친구를 사귄다 해도 현실 세계처럼 진지하고 신중한 태도가 필요해요.

서로를 돕는 시시콜콜한 기록

라이프로깅 메타버스인 소셜 미디어 속의 글들은 말 그대로 누군가의 라이프로그, 생활에 관한 시시콜콜한 기록이에요. 이런 사소한 것들이 무슨 이득이 있을까요? 시간 낭비가 아닐까요? 만약 그런 생각이 든다면, 히로시마대학교 수학과 히라쿠 교수의 실험을 살펴봐요.

니시모리 히라쿠 교수는 길을 잘 찾지 못하는 개미들이 포함된 집단과 길을 잘 찾는 개미들의 집단 중 어느 집단이 목표 지점에 빠르게 도착하는가를 관찰했어요. 결과는 의외로 길을 잘 찾지 못하는 개미들이 포함된 집단이 더 빠르게 길을 찾는 것이었지요. 이유는 샛길로 빠지는 개미가 언뜻 보기에는 별 도움이 되지 않는 것처럼 보이지만, 그 빠진 샛길이 지름길이거나 엉뚱한 길이 또 다른 도전을 불러오기도 하기 때문이었어요.

결국 길게 보면 우리에게 샛길로 빠지는 조금은 멍청해 보이는 개미가 의미 있는 동반자인 셈이에요. 요컨대 유명한 사람이 아니라 할지라도 평범한 사람들의 라이프로그를 통해 생각지 못했던 것을 발견하거나 삶의 지혜를 배울 수 있으므로 라이프로깅 메타버스는 어떻게 활용하는가에 따라 삶의 활력소가 될 수 있어요.

진짜 나는 어떤 모습일까?

여러분은 현실 사회에서의 모습과 라이프로깅 메타버스, 소셜 미디어에서 활동하는 모습이 같은가요? 아니면 전혀 다른 모습인가요? A 군은 인스타그램 안에서 매우 사교적이고 활동적이며 유머러스하기까지 해요. 그래서 친구들도 많고, 올리는 사진과 영상마다 좋아요와 댓글이 많이 달리기도 하죠. 또 트위터에서는 정치, 경제에 대해 관심이 많아 항상 적극적으로 의견을 내며 토론을 즐기곤 하죠. 그런데 막상 교실에서 A 군은 소극적이고 친구들과 대화하는 것도 부끄러워할 뿐 아니라 다른 사람에게 먼저 말을 건넨 적은 단 한 번도 없어요. 이런 A 군은 같은 인물일까요?

이렇게 한 명이 현실 세계와 여러 메타버스를 동시에 살아가면서 여러 모습을 보여주는 것이 요즘 세상이에요. 그렇다면 A 군처럼 여러 개의 모습을 가진 사람을 다중인격자라고 말할 수 있을까요? 정도에 따라 다르겠지만 대부분 그렇지 않다는 것이 일반적인 의견일 거예요. 오히려 여러 메타버스에서 나타나는 서로 다른 모습들을 모두 합친 것이 진정한 내 모습이라고 볼 수 있어요. 모르는 사람들과 대화에서 긍정적으로 반응하는 인스타그램에서의 A, 토론을 즐기는 트위터 속의 A, 교실에서 수줍어하

는 A, 이 모두가 A의 모습인 것이지요.

요즘은 '부캐' 열풍이에요. 부캐란 부캐릭터를 줄여서 부르는 말로, 일상에서 '평소의 모습이 아닌 새로운 모습이나 성격으로 행동하는 것'을 가리키는 말로 사용되고 있어요. 이렇게 여러 개의 메타버스 안에서 다양한 모습으로 활동하는 나의 모습들 모두가 합쳐진 것이 진정한 나 자신의 모습이라고 할 수 있을 거예요.

외톨이는 싫어

'인간은 사회적 동물'이라는 말이 있어요. 현실 세계에서 누구나 가족과 친구들과 관계를 맺고 살아가죠. 그런데 현실 세계에서 관계 때문에 오해와 갈등이 생기기도 하고, 관계 자체를 맺는 것이 쉽지 않은 경우가 많아요. 우리는 이런 현실 세계보다 메타버스에서 서로 쉽게 친해지지요. 이유가 뭘까요?

조명이 어두운 곳에서는 상대방의 표정이 잘 보이지 않기 때문에 상대방에 대한 두려움이나 공포감이 상대적으로 적다고 해요. 즉, 암흑 속에서 상대방에 대한 경계를 늦추게 되는 거죠. 이렇게 상대의 반응을 내게 유리한 쪽으로 해석하면서 상대에게 쉽게 다가가는 특성을 '암흑 효과'라고 해요. 소셜 미디어 메타버스에도 현실 세계와 마찬가지로 비슷한 암흑 효과가 있어요. 인스타그램과 같은 소셜 미디어에서는 주로 좋아요나 웃는 프로필 사진 등을 올리는데, 이때 나에 대한 상대방의 감정이 긍정적으로 보이기 때문에 경계를 늦추고 쉽게 친해질 수 있다는 거예요. 그래서 메타버스에서는 외톨이가 없다고도 이야기해요.

메타버스 안에서 친구가 된 사람을 현실 세계에서 직접 만난다면 어떨까요? 아마도 오랜 친구처럼 친숙한 느낌이 들 텐데, 이것은 앞서 이야기한 암흑 효과와 소셜 미디어 안에서 자주 만났던 사이이기 때문이에요. 그러나 주의해야 할 것은 라이프로깅 메타버스를 통해 만난 친구가 내가 본 모습 그대로는 아닐 것이라는 점이에요. 나도 내 모습을 그대로 라이프로깅 메타버스에 올리지는 않으니까요.

나를 보여주고 싶어

사람들은 나를 숨기고 싶어 하기도 하지만, 다른 한편으로는 나의 멋진 모습을 보여주고 싶어 하기도 해요. 그 욕구를 충족시키는 것이 브이로그V-log인데, 브이로그는 동영상을 뜻하는 비디오와 블로그를 합친 말이에요. 다시 말하면 소셜 미디어에 자신의 일상을 동영상으로 찍어 공유하는 것을 뜻하지요. 최초의 브이로그는 1993년 영국 BBC 방송의 「비디오 네이션」이라는 프로그램에서 시청자들이 자신의 일상을 찍은 영상을 보내면 방영한 거예요. 그 후 2010년 중반부터 인터넷 속도가 급속하게 빨라지고 스마트폰만으로도 화질 좋은 동영상을 쉽게 촬영하면서 브이로그 문화가 대중에게 급속도로 퍼졌어요.

그저 일상 생활을 올리기만 했는데 유튜브 조회수가 100만이 넘는 경우도 있어요. 그렇다면 사람들은 이런 특별하지 않은 영상을 왜 만드는 걸까요? 하버드대학교의 제이슨 미첼 교수는 사람들이 어떤 이야기를 하고 싶어 하는가를 실험했어요. 예를 들면 '당신은 무슨 음식을 좋아하나요?' 같은 개인적 질문과 '당신의 친구는 어떤 음식을 좋아하나요?' 같은 다른 사람에 대한 질문, 그리고 '올해 가장 많이 팔린 라면은?' 같은 일반적인 지식에 관한 질문을 했을 경우, 많은 사람들이 '당신은 무슨 음식을 좋아하나요?'와 같은 개인적 질문을 선택했다고 해요. 즉, 사람들은 부모님이나 선생님, 혹은 친구에 대한 이야기보다 자신에 대한 이야기를 하기 좋아한다고 볼 수 있어요. 그래서 내 이야기를 담은 브이로그를 공유하는 메타버스가 많아지고 있는 거죠.

하지만 브이로그가 성장하면서 예기치 않은 문제점이 생기기도 해요. 예를 들어 여러분이 학교 생활을 브이로그로 찍는다고 가정할 때, 자신의 브이로그를 찍는다 해도 어쩔 수 없이 다른 사람들이 화면 안에 같이 나오는 경우가 있어요. 이때 이 사람들의 초상권을 침해하게 되고, 이는 법적으로도 문제가 될 수 있지요. 또한 여러분은 학생의 신분으로 학교에 갔기 때문에, 수업 시간에 브이로그를 찍는다면 다른 친구들의 수업을 방해하고 사생활을 침해하는 경우가 생길 수도 있어요. 그뿐 아니라 윤리나 예의에 관한 문제가 생길 수도 있고요. 가령 친구들이나 학교에 안 좋은 일이 있을 때 '기록'이라는 이유로 그 상황을 거르지 않고 찍으면, 엄청난 실례를 저지를 수 있어요. 그러니 지켜야 할 '선'을 넘지 않도록 조심해야 해요.

많은 사람들은 자신의 브이로그를 찍으면서 다른 사람의 브이로그를 열심히 찾아보기도 해요. 그 이유는 아마도 다른 사람은 어떻게 사는지 정보를 얻고 싶기도 하고, 내가 직접 하지 않은 일을 누군가 하는 모습을 통해 대리만족을 느끼고 싶어서이기도 할 거예요. 또한 혼자가 아니라는 감정으로 공감과 소통을 원하기 때문일 수도 있지요.

빠르고! 쉽게! 누구나!

여러분은 소셜 미디어 서비스하면 어떤 것이 제일 먼저 생각나나요? 인스타그램, 트위터, 페이스북, 유튜브 등이 떠오르지요. 여기에 네이버나 다음의 블로그, 카카오스토리가 더해질 수도 있을 거예요. 그렇다면 지오시티, 더글로브, 트라이포드는 들어본 적이 있나요? 아마도 없겠죠. 왜냐하면 여러분이 태어나기도 전인 1990년대 중반에 생겼던 소셜 미디어 서비스인데 지금은 모두 사라졌으니까요. 이런 서비스들의 특징은 스마트폰이나 와이파이가 아닌 컴퓨터 유선 인터넷을 통해 접속하는 방식을 사용했어요.

우리나라에도 비슷한 경우로 1999년에 생긴 싸이월드가 있어

▲ 싸이월드 미니홈피

요. 싸이월드는 들어본 적이 있을 거예요. '레트로' 열풍으로 싸이월드가 추억의 통신으로 등장한 드라마나 예능이 종종 있었죠. 싸이월드의 대표 서비스는 미니홈피인데 꾸미고 관리하기가 인터넷 개인 홈페이지보다 훨씬 쉬워요. 마치 증강 현실 메타버스인 제페토와 같이 싸이월드에서는 도토리라는 싸이월드 전용 사이버머니를 사용해서 자신의 캐릭터와 미니홈피를 꾸몄어요.

싸이월드는 당시 많은 사용자들이 있었으나, 2010년 이후 페이스북이 국내에 퍼지면서 사용자가 급격히 줄어들다가 서비스가 종료되었어요. 그러나 2021년 8월 메타버스 시대의 바람을 타고 싸이월드가 다시 서비스를 시작했어요. 아직은 과거 ID와 사진, 동영상만을 복원한 상태여서 본격 서비스를 위해서 아직은 갈 길이 멀긴 해도 1990년대 추억을 가지고 있는 많은 사람들이 서비스 시작 후 11시간 만에 무려 400만 명이 넘게 방문하는 등 그 열기는 대단했죠.

그렇다면 한때 사라졌던 싸이월드와 성장하고 있는 페이스북의 차이는 무엇일까요? 첫째, 접근성이에요. 과거 싸이월드는 컴퓨터를 통해 접속하는 데 반해 페이스북은 스마트폰으로 빠르게 접속할 수 있어요. 사람들이 대부분 스마트폰을 가지고 있는 현대사회에서 싸이월드는 빠르고 편하게 접근할 수 있도록 대처하지 못한 거죠. 둘째, 사용자 메뉴가 싸이월드에 비해 페이스북이 훨씬 편하고 단순하기 때문이에요. 셋째, 플랫폼적 특성이에요. 싸이월드의 사용자들은 '도토리'를 바탕으로 싸이월드에서 제공하는 아이템만 사용할 수 있었어요. 그러나 페이스북은 플랫폼 안에서 다른 웹인 앱서비스를 편리하게 사용하게 했어요. 페이스북은 사용자와 기업 양측에 문을 열어주며 사용자들이 나가지 않고 페이스북 안에서 지낼 수 있도록 한 거예요.

결국, 라이프로깅을 위한 소셜 미디어 메타버스가 성장하기 위해서는 누구나 빠르고 쉽게, 그리고 되도록 많은 사람들과 기업이 메타버스에 녹아들도록 문을 활짝 열어주어야 해요. 아마도 싸이월드는 이러한 메타버스의 특징을 살려 다시 서비스를 시작하여 앞으로 많이 발전하리라 기대돼요.

소셜 미디어와 함께 성장하는 스포츠 산업

 지금까지 개인의 일상을 찍고 공유하는 라이프로깅 메타버스를 살펴보았어요. 그러나 소셜 미디어와 같은 라이프로깅 메타버스는 사람들의 일상생활만을 공유하는 것은 아니에요. 이제는 산업에까지 영향을 미칠 만큼 전 영역에 걸쳐 확장되고 있어요. 그 대표적인 것이 나이키 메타버스예요. 에어맥스로 유명한 나이키는 사람들이 어떻게 운동하고, 언제 얼마나 움직이는가 등에 관한 소비자 정보를 파악하여 원래 있었던 운동용품을 더 잘 팔기 위해 여러 가지 서비스를 만들었어요.
 그중의 하나가 2006년 애플과 손잡고 시작한 나이키 플러스 서비스예요. 나이키 센서를 신발에 붙이고 달리면 애플 아이팟에

기록이 남아 나중에 컴퓨터에 업로드하는 것이죠. 그리고 2012년에는 운동을 하지 않아도 팔찌를 차기만 하면 일상생활에서 칼로리를 얼마나 소모하는지 점수로 환산해서 알려주는 나이키 플러스 퓨얼밴드를 출시했어요.

그러나 나이키는 다른 경쟁사의 웨어러블 디바이스 제품의 영향으로 이런 서비스를 포기하게 돼요. 대신 나이키는 팔찌나 센서와 같은 하드웨어가 아닌 앱을 기반으로 소비자들이 더 빠르고 쉽게 나이키가 만든 운동 메타버스로 이동할 수 있도록 작전을 바꿨어요. 즉, 달리기를 위한 앱인 나이키 플러스 러닝과 종합적인 운동을 관리하는 앱인 나이키 트레이닝 클럽을 개발한 거예요. 나이키 플러스 러닝에서는 자신의 달리기 경로, 기록을 소셜 미디어에 공유하고 친구들과 서로 칭찬하면서 경쟁도 해요. 나이키 트레이닝 클럽은 유명 스포츠 스타의 트레이닝 프로그램을 따라 할 수 있고 자신이 달성한 트레이닝 기록을 소셜 미디어에 공유하는 방식이에요.

요즘과 같은 언택트 시대에는 스포츠센터에서 사람들이 함께 운동할 기회가 사라졌죠. 그 때문에 나이키 플러스 러닝과 나이키 트레이닝 클럽의 사용자 수는 점점 늘고 있어요. 이러한 나이키 메타버스는 그 어떤 조사기관보다 더 많은 사람들의 운동 기록을 가지고 있어요. 따라서 애초의 목표인 기존의 운동용품을 더 많이 팔아 나이키 기업의 가치를 꾸준히 올리는 데 큰 역할을 했어요.

유명인과 직접 대화할 수 있다고?

여러분들은 유명인과 친해지고 싶은가요? 그렇다면 '클럽하우스'를 이용해 보세요. 클럽하우스는 오디오 채팅 앱인데, 2020년 3월 출시된 음성 소셜 미디어로 업계 관계자나 친구들과 음성 대화를 나눌 수 있는 것이 특징이에요. 기존 가입자로부터 초대를 받아야 참여할 수 있으며 영상이나 글 등은 사용할 수 없고 음성으로만 대화할 수 있어요.

원래 60만 규모의 작은 이용자를 지니고 있던 플랫폼이지만 IT업계 종사자들 사이에서 큰 인기를 끌었고, 특히 스타트업 업계를 대표하는 창업자들이 클럽하우스에 등장하기 시작하면 널리 알려지게 되었어요. 최근 일론 머스크까지 참여하면서 클럽하우스 사용자가 크게 늘었는데 현실 사회에서 흔히 볼 수 없는 유명인들과 실시간으로 대화하고 소통할 수 있다는 점 때문에 가입 욕구가 생기게 되지요.

보통 방이 있고 방을 관리하는 관리자 모더레이터^{Moderator}가 있어요. 또 회원들은 대화를 듣기만 하는 리스너^{Listener}와 말하는 권한을 가진 스피커^{Speaker}로 구분이 돼요. 처음에는 듣기만 하다가 방 하단의 손 모양 버튼을 눌러 모더레이터가 승인을 하면 말을 할 수 있는 시스템이지요. 마치 SNS 속 학원 같은 느낌이에요.

  초대받아야만 이용할 수 있는 특수성으로 인정받고 선택받고자 하는 심리를 잘 이용한 것 같아요. 게다가 흥미와 관심사가 맞는 사람끼리 대화를 나누거나 토론을 할 수 있는데, AI와 같은 텍스트 음성이 아닌 실제 목소리로 대화하기 때문에 더 실감 나고 정감 있게 느껴진다고 해요.

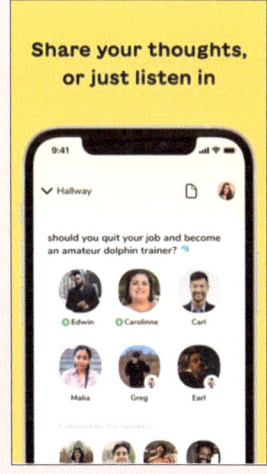 

◀ 클럽하우스

04
메타버스
세상 속으로 고고!

▶▶▶ **거울 세계**

현실 세계를 그대로 옮긴 샌드박스 게임

　2011년 레고 같은 네모난 블록을 마음대로 쌓고 부수면서 자기만의 세상을 만드는 놀이가 시작되었어요. 바로 '마인크래프트'예요. '마인크래프트'는 샌드박스 게임이에요. 여러분은 혹시 '샌드박스'를 유명 방송인이 만든 크리에이터 회사로만 알고 있지 않나요? 그러나 원래 샌드박스는 말 그대로 모래상자를 뜻해요. 모래가 담겨 있는 커다란 나무 상자에서 모래로 여러 가지를 만들며 쌓았다가 부수고 다시 만들며 노는 거예요. 따라서 샌드박스 게임인 '마인크래프트'에서는 백사장이나 놀이터에서 모래를 가지고 놀듯이 마음대로 건물을 짓고 부술 수 있어요. '마인크래프트'를 처음 만든 기업은 스웨덴의 게임 회사인 모장 스튜디오인데, 마이크로소프트 회사가 이 모장 스튜디오를 많은 돈을

▲ '마인크래프트'

을 주고 샀어요. 마이크로소프트는 메타버스의 시대를 미리 알아본 거죠.

'마인크래프트' 안에는 불국사, 경복궁, 타지마할, 에펠탑 등 세계 주요 건축물이 거의 모두 만들어져 있어요. 마치 거울을 보듯 똑같이 말이죠. 그뿐 아니라, 코로나19가 퍼지면서 2020년에는

'마인크래프트' ▲

미국의 여러 대학이 실제 모습과 똑같이 만들어졌어요. 강의실, 도서관, 기숙사는 물론 푸드 트럭까지 똑같아요.

사실 '마인크래프트'는 컴퓨터 그래픽이 질적인 면에서 좋지 않다는 평이 일반적이에요. 그럼에도 불구하고 '마인크래프트'는 초등학생들이 좋아하는데, 그 이유가 뭘까요? 바로 '마인크래프트' 안에서 건물을 짓고 부수는 모든 활동을 학교나 선생님이 아닌 학생들이 자발적으로 나서서 진행한다는 점이에요. 사람은 누구나 자신이 노력해서 만든 것에 대한 자부심과 애착이 크기 때문에 그것을 더 높게 평가하는 경향이 있어요. 이것을 '노력 정당화 효과'라고 부르는데, 이미 있었던 것보다 나의 상상력과 노력

으로 만들어진 것들을 더 값지다고 여긴다는 거죠. 이러한 특성을 잘 살린 '마인크래프트' 메타버스는 여러분들이 그 세상 안에서 상상력과 창의력을 마음껏 발휘할 수 있게 해줄 거예요.

현실 세계에 효율성과 확장성을 더하다!

여러분은 아침마다 거울을 보나요? 아침뿐만 아니라 틈만 나면 거울을 보는 사람들도 있겠죠. 거울은 있는 그대로를 비춰주는 도구예요. 이런 거울이 메타버스 세계 안에 들어오면 어떤 일이 일어날까요? 메타버스에서 거울 세계란 여러분이 살고 있는 실제 세계의 모습과 정보 등을 그대로 복사하듯이 만들어 낸 것을 말해요. 따라서 현실 세계보다 실용적이고 효과적일 뿐 아니라 그 범위와 규모도 클 거예요. 이것을 어려운 말로 현실 세계에 효율성과 확장성을 더한다고 할 수 있어요.

예를 들어 부모님과 휴가 계획을 세워 여행을 간다고 가정해 볼게요. 먼저 숙소를 예약하기 위해 앱을 열어 위치, 상태, 가격 등을 살펴보고 조건에 맞는 숙소를 예약하면 돼요. 직접 찾아다니거나 전화를 걸어 하나하나 묻고 따지지 않아도 되니 정말 효과적이고 실용적이죠? 마찬가지로 맛집을 예약할 때도 앱 내에서 몇 번의 터치로 맛집을 검색하고 위치와 정보를 참고해서 예약하게 되지요.

사람들이 앱에서 숙소나 맛집을 결정할 때 기준이 되는 것이 무엇일까요? 바로 별점과 고객 후기 등이 중요한 요인이 되기도 하는데, 이것이 정보의 확장성이에요. 예를 들어 배달 앱에서 여러 음식점 중 선택하는 기준은 가격, 위치, 배달료 등등 여러 가지가 있겠지만 가장 중요한 것은 역시 맛이겠죠. 그러나 사람의 감각인 맛은 직접 먹기 전까지 알 수 없어요.

하지만 배달 메타버스에서는 먹기 전에도 어느 정도 짐작할 수 있는 것이 있어요. 바로 거울 세계의 확장성의 중요한 요소인 후기, 평점이지요. 그래서 우리는 후기와 평점을 남길 때 조심해야 해요. 음식을 만드는 식당도, 음식을 시키는 고객도 이 후기와 평점으로 손해를 보면 안 되니까요. 가령 거짓으로 맛이 없다고 하거나, 형편없는 맛을 돈을 받고 맛있다고 평가한다면 결국 속는 것은 우리거든요. 이런 일이 일어나면 안 되겠죠?

거울이지만 그대로 보여주지는 않아!

효과적이고 실용적일 뿐만 아니라, 직접 경험하지 않아도 많은 정보를 알 수 있는 확장성의 특징으로 거울 세계 메타버스는 우리의 삶에 큰 변화를 가져오고 있어요. 그중에서 가장 효율적인 분야가 길 찾기 서비스일 거예요. 과거에는 길을 찾아갈 때 종이에 그려진 지도를 보며 길을 찾았어요. 지금은 내비게이션을 따라가며 길을 찾아요. 구글어스, 네이버 지도 등은 GPS를 통해 인터넷 지도 서비스를 제공하는데, 이러한 지도 서비스들은 주기적으로 지도 정보를 업데이트하면서 현실 세계의 변화를 최대한 반영하려고 노력해요.

그러나 거울 세계는 우리에게 현실 세계를 그대로 보여주지는 않아요. 우리가 앱으로 선택한 숙소 옆에 어떤 건물이 있고 어떤 상점이 있는지 직접 가보기 전에는 자세하게 알 수 없어요. 앱에서는 관련이 없는 사항들은 제공하지 않기 때문에, 우리는 주변 장소를 모두 알지 못해요. 거울 세계는 앱에 정보를 올린 사람의 필요에 따른 정보만을 알려주기 때문에 현실과는 모습이 다른 경우가 많이 있거든요. 그럼에도 거울 세계는 앞서 얘기한 효율성과 확장성으로 비즈니스, 교육, 교통, 유통 등 다양한 영역에서 많이 사용되고 있어요.

구글은 왜 지도 서비스를 공짜로 할까?

『해리 포터』에서 나오는 비밀지도를 알고 있나요? 지팡이를 양피지에 대고 주문을 외우면 호그와트 지도가 나타나고, 사람들의 위치가 이름과 함께 발자국으로 표시돼요. 그런데 현대사회에서는 마법사가 아니라도, 주문을 외우지 않아도 누구라도 이 마법을 부릴 수 있어요. 물론 양피지로 된 지도 대신 스마트폰이 있어야 하지만 말이죠. 검색란에 원하는 위치를 적으면 어디에 있는지, 얼마나 걸리는지 지도 위에 발자국 대신 화살표로 표시가 돼요. 또한 상대방 스마트폰에 '위치 추적'이라는 앱을 설치하면 내 스마트폰에서 상대방의 위치를 지도 위에 알려주는 서비스도 있어요.

그런데 이러한 위치 추적이나 길 찾기를 할 때 필요한 지도 데이터가 어디서 오는지 알고 있나요? 바로 구글 지도 서비스예요. 그렇다면 구글은 왜 지도를 만들까요? 구글은 2005년 2월에 지도 서비스를 발표한 이후 지금까지 지속적으로 업데이트하면서 서비스를 확장하고 있어요. 지상의 모습은 물론 항공사진과 일부 바다 속의 모습까지 파노라마 이미지로 만들기도 했죠. 그리고 구글은 이러한 지도 서비스를 많은 기업들이 사용하게 허락했어요. 길을 찾는 서비스를 만들 때도 구글의 지도를 사용하고 배달

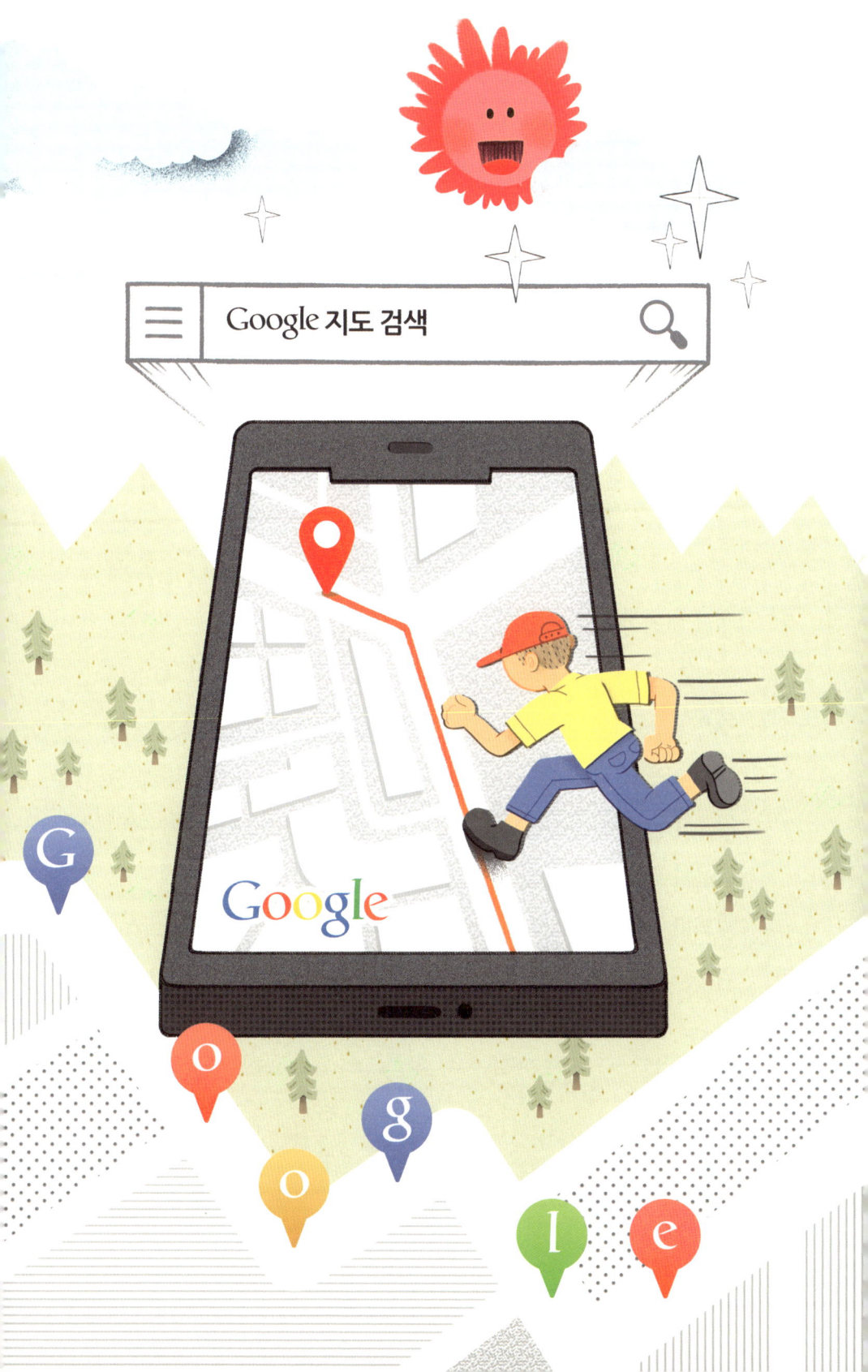

앱을 만들 때도 구글의 지도를 활용하죠. 정말 수많은 기업들이 거울 세계 메타버스를 만드는 데 구글의 지도 데이터를 사용하고 있어요. 그것도 공짜로 말이죠.

어마어마한 양의 지도를 만들기 위해서는 비용과 사람의 수고도 어마어마하게 많이 들 텐데, 이 모든 데이터를 무료로 제공하는 것에 많은 사람들이 궁금해했어요. 그러나 언택트 시대를 맞아 거울 세계 메타버스를 만들고 활용하는 기업이나 국가가 늘어날수록 구글이 가진 데이터가 더욱더 필요해질 테고, 그에 따라 구글은 여러 개의 거울 세계의 기본 데이터를 가지고 있는 거대한 권력자가 될 거예요.

구글은 시대가 변할 것을 미리 안 모양이에요. 하지만 다행인 것은 거울 세계 메타버스에 필요한 것은 구글에서 공짜로 제공하는 지도만이 아니라는 점이에요. 지도 위에 무엇이 있는가에 따라 활용도가 달라지니까요. 즉, 지도 그 자체보다 지도 위에 여러 건물과 맛집이나 숙박 시설 혹은 사람들의 이동 경로 등에 대한 정보가 더 중요하거든요. 그러므로 거울 세계를 만들 때는 구글의 지도뿐 아니라, 그 지도 위에 무엇을 담을까를 생각해야 해요.

온라인 교실 '줌'

　학교 수업은 코로나19 이전과 이후로 나뉘어요. 코로나19 전에 여러분은 어떻게 수업을 했나요? 선생님과 학생들이 교실에서 서로 얼굴을 마주 보고 강의도 듣고 질문도 하고 발표도 했을 거예요. 그러나 코로나19 이후 언택트 시대에는 온라인 수업으로 대체되는 경우가 많아요. 교실 대신 집에서, 선생님과 친구들을 컴퓨터 화면으로 만나 수업을 하고 있지요. 바로 현실 세계의 수업 현장을 거울 세계에 옮겨놓은 것이죠. 이러한 온라인 수업을 위해 급부상한 서비스가 바로 줌ZOOM이에요. 줌은 원래 기업들의 화상회의 서비스로 인터넷을 기반으로 원격 화상회의, 채팅, 전자 투표, 소그룹 토론 등의 기능을 제공하고 있어요. 그러나 코로나19 이후 여러 국가의 교육 기관이 온라인 수업을 진행하면서 줌 서비스를 많이 채택하게 되었어요.

　원격 수업 방식은 크게 세 가지가 있어요. 첫째는 강의를 미리 녹화해서 올려주는 방식이에요. 사실 수업에서 학생과 교사, 학생과 학생들의 실시간 소통이 매우 중요한데 미리 강의를 녹화해 둔다면 실시간 소통은 어렵겠죠. 결국 일방적인 강의가 될 수밖에 없지요. 둘째, 줌으로 실시간 수업을 하지만 실시간의 의미가 없는 경우예요. 즉, 교사가 자신의 얼굴과 강의 자료로 수업을

하지만 학생들은 카메라와 마이크를 끄고 수업을 듣기 때문에 이런 방식 역시 일방적 강의가 되지요. 셋째, 줌으로 실시간 원격수업을 하면서 온라인상에서 교사와 학생, 학생과 학생들이 활발하게 서로의 의견을 주고받는 방식이에요.

지금까지 원격수업은 내 얼굴이 화면에 비치는 화상회의 서비스를 기반으로 했어요. 그러나 내 얼굴이 보이지 않고 다른 것으로 대체하고 싶다면 티오^{Teooh} 같은 서비스를 사용하는 것이 좋아요. 티오는 현실 세계의 교실을 온라인에 옮겨놓은 모습으로 여기까지는 줌과 다를 것이 없어요. 그러나 서비스에 접속한 후 자신의 얼굴이 아닌 아바타를 생성할 수 있다는 점으로 차별화를 두었지요. 생성된 아바타를 가지고 수업도 듣고 다른 아바타들과 대화할 수 있어요.

  이와 같이 언택트 환경에서 줌과 같은 화상회의 도구는 우리 모두의 교실이 되고 있어요. 잘 사용하면 여러분의 창의력과 상상력을 도전하는 데 큰 무리가 없어 보여요. 그러나 모든 교육이 거울 세계에서만 이뤄질 수는 없어요. 학교가 단순히 지식 전달의 수단이 아닌 전인격적인 인간을 형성하는 데 필요한 교육 기관인 만큼 학생과 교사는 현실에서 만나고 소통해야 하거든요. 따라서 이 거울 세계가 가진 효율성과 확장성을 현실 세계와 어떻게 연결할지에 대해 끊임없이 고민해야 해요.

디지털 실험실

  인류를 위협하는 온갖 질병과 바이러스로부터 인류를 지키기 위한 의학 연구를 위해서는 실험실이 필요해요. 현실 세계의 연구실을 온라인 거울 세계에 옮겨 거울 세계의 특징인 효율성과 확장성을 제대로 사용하고 있는 거대한 디지털 실험실이 있어요.

그중 하나가 '폴드잇'이라는 실험실이에요. 워싱턴에서 단백질 구조를 연구하는 데이빗 베이커 교수는 2008년 폴드잇 플랫폼을 개발해 대중들에게 온라인상에서 바이러스로부터 질병을 막아내는 실험을 게임처럼 공개했어요. 전문적 지식이 없어도 다양한 방법으로 단백질 아미노산 사슬을 이리저리 접어보는 사람들의 창의력과 뛰어난 직관으로 의학 발달에 도움이 되었지요. 특히 2011년에는 10년 동안 수많은 과학자들도 풀지 못했던 에이즈 치료제에 필요한 단백질 구조를 6만 명의 온라인 참가자가 단 10일 만에 풀어내기도 했어요.

2020년 봄, 워싱턴대학교 연구팀은 코로나19 바이러스에 관한 치료제를 개발하기 위해 폴드잇에 코로나19 단백질 구조에 관한 새로운 미션을 올렸는데, 현재 약 20만 명의 사람이 디지털 실험실에 접속해 공동 실험을 이어가고 있으니 이제 곧 치료제가 나올 거라고 믿어도 되겠죠?

무엇이든 배달해 주는 시대

요즘은 배달의 시대라 해도 지나친 말이 아닐 거예요. 시장에 가서 장을 보는 대신 '쿠팡'이나 '마켓컬리' 앱에서 스마트폰 터치 몇 번으로 새벽에 우리집 현관문 앞까지 싱싱한 식품들이 배달돼요. 이러한 시대에 걸맞게 배달을 전문으로 하는 음식 전문 배달 업체가 있어요. '배달의민족'은 2010년 6월 서비스를 시작해서 지금까지 꾸준히 성장하고 있어요. 예전에 배달 음식은 중국 음식에 국한되었어요. 그러나 배달의민족은 이 상식을 깨고 예전에는 배달 음식이라고 생각하지 않았던 파스타, 초밥, 커피, 햄버거는 물론 심지어 편의점 물품까지 배달 서비스를 실시하기 시작했어요.

이후 음식 배달 메타버스가 점점 인기가 많아지고 그 규모도 커지면서 손님이 앉아서 식사하는 공간을 아예 없애고 배달만 전문으로 하는 식당들이 생기기 시작했어요. 그리고 주방만 빌려주는 업체도 생기기 시작했는데 점점 늘어 2019년에 비해 2020년에는 72퍼센트나 늘어났대요. 코로나19 상황에 따른 사회적 거리두기가 강화되어 식당을 찾는 손님이 줄어들자 아예 음식점 사업을 포기하는 상황과 반대되는 현상이기도 하지요.

배달은 거울 세계를 확실하게 보여주는 좋은 예인데 우리 몸속 신경에 있는 거울 신경 세포와도 관련이 있어요. 배달 앱에서 주문을 하려고 치킨을 보면 갑자기 침이 고이는 경험을 한 적이 있나요? 이것이 바로 우리의 활동에 많은 영향을 주는 거울 신경 세포 때문이에요. 바로 공감하는 능력이죠. TV에서 슬픈 사연을

보면 함께 눈물 흘리고, 라면이나 자장면을 먹는 장면을 보면 갑자기 먹고 싶어지죠.

이렇게 거울 신경 세포는 다른 사람의 행동을 보고 따라 하며 배우는 과정, 다른 사람의 이야기만 듣고 그가 처한 상황을 이해하는 능력을 담당해요. 그래서 배달 앱으로 음식을 주문할 때 우리 눈에 보이지 않지만 주소와 지도상 위치를 보고 식당의 실제 위치를 상상하고, 리뷰를 보고 음식 맛을 간접적으로 경험하며, 주문 후에는 도착 시간이 다가옴에 따라 배달 라이더가 어디쯤 오겠구나 하고 먹을 준비를 하게 되는 거죠. 배달은 여러 가지 면에서 거울 세계와 깊은 연관이 있는 것 같아요.

감정을 자극하는 거울 세계 메타버스

거울 세계 메타버스는 우리의 활동에 많은 영향을 주는 거울 신경 세포가 있기에 존재한다고 했어요. 이 거울 신경 세포를 제대로 자극하는 게임이 있어요. '댓 드래곤 캔서That drgon cancer'는 아들을 잃은 아버지의 슬픔이 고스란히 담겨 있는 슬픈 감성의 게임이에요. 대부분의 게임은 보통 현실 세계보다 가상 세계에서만 볼 수 있는 상황과 세계관인데 비해 '댓 드래곤 캔서'는 현실 세

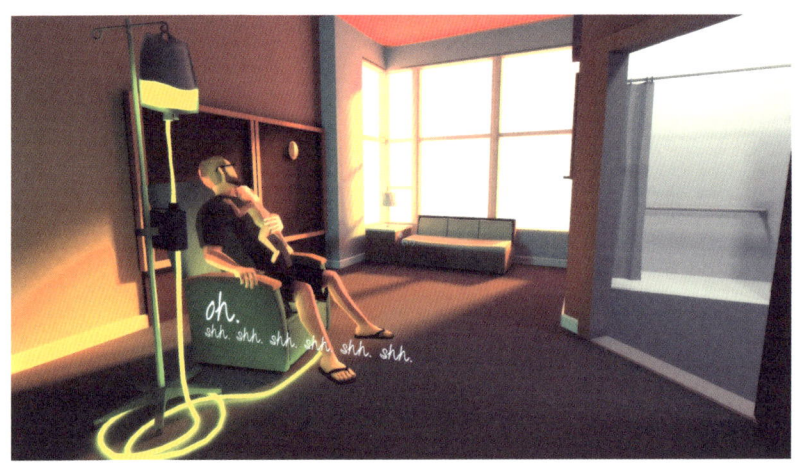

▲ '댓 드래곤 캔서'

계에서 소아암으로 세상으로 떠난 다섯 살 조엘의 인생을 거울 세계에 비춰준 게임이라는 점에서 슬픔을 비추는 거울이에요.

  '댓 드래곤 캔서'는 조엘의 고통과 부모의 고통에 공감을 유도하는 게임으로 다른 사람의 경험과 감정을 말을 통해 전하지 않고, 직접 그 거울 세계 속에 들어가서 내가 선택하고 움직이고 만지면서 이해하고 공감하는 방식이에요. 실제로 아들을 떠나보낸 아버지의 입장에서 개발된 게임인 만큼, 슬픈 음악과 아버지의 혼잣말에서는 아픈 아들을 돌보고 결국 아들을 떠나보낸 아버지의 애처로운 심정이 절절히 녹아 있지요. 이제 거울 세계 메타버스는 게임을 그저 놀고 즐기는 것뿐 아니라 다른 사람을 이해하고 다른 사람의 마음과 생각을 공유하는 하나의 가상 공간이 되고 있어요. 바로 거울 세계의 효율성과 확장성이 발휘되는 지점이에요.

우연히 탄생한 에어비앤비

여러분들은 여행을 하면 어디에서 묵나요? 학교에서 단체로 간다면 수련원 같은 곳에서 묵기도 할 테고, 가족여행을 하면 아늑한 호텔에서 묵기도 하겠죠. 그런데 요즘에는 방 없는 호텔, '에어비앤비'가 인기예요. 에어비앤비는 2008년, 미국 샌프란시스코에서 시작된 서비스예요.

샌프란시스코는 집을 빌려주는 가격인 임대료가 비싸기로 유명해요. 이 비싼 임대료 덕분에 대박 난 두 친구가 있어요. 브라이언 체스크와 조 게비아는 직장을 그만두면서 비싼 임대료를 낼 능력이 없어졌어요. 두 친구는 궁리 끝에 자신의 집에 에어매트 침대^{Airbed}를 몇 개 깔고, 아침 식사^{Breakfast}를 제공하는 숙박 서비스를 시험적으로 해보았어요. 결과는 그야말로 대박이었죠. 그래서 탄생한 회사가 Airbed&Breakfast에서 따온 에어비앤비^{Airbnb}예요.

에어비앤비 서비스 모델을 살펴볼까요? 먼저 개인이 가진 아파트나 주택 등을 에어비앤비 회사에 등록하고 주인이 사용하지 않는 기간에 여행객들에게 빌려주는 방식이에요. 에어비앤비는 등록된 개인의 집에 대한 다양한 정보 즉, 위

치, 시설 등을 구글 지도와 사진과 같은 데이터베이스로 구축해서 여행객들이 쉽게 찾아볼 수 있게 해요. 바로 개인이 사는 집의 내부를 거울 세계 메타버스에 그대로 옮겨놓은 거예요. 아주 오래된 성이나 스페인의 가우디가 지은 집도 에어비앤비에 등록되는 등 에어비앤비는 많은 여행객들의 인기 상품이 되었어요.

그러나 에어비앤비에 등록된 내용과 실제 숙소에 크고 작은 차이가 있다거나 여행객이 숙소의 물건을 훼손하거나 훔쳐 가는 등 여러 문제가 생기기도 했어요. 또한 코로나19로 여행이 제한되는 상황이 생기면서 에어비앤비 사업은 큰 위기를 맞았어요. 이렇게 현실 세계에 있는 시설과 연결된 거울 세계는 현실 세계의 상황과 깊은 연관이 있다는 사실을 기억해야 해요.

05
메타버스
세상 속으로 고고!
▶▶▶ **가상 세계**

대통령을 만든 게임

미국의 46대 대통령인 조 바이든은 게임을 이용해서 대통령이 되었다고 하면 믿어지나요? 물론 전적으로 그렇다는 것은 아니에요. 조 바이든은 대선 후보 당시 '모여봐요 동물의 숲'이라는 게임에서 선거 유세를 했어요. '모여봐요 동물의 숲'(이후 '모동숲')은 닌텐도가 개발한 비디오 게임이에요. 코로나19 이전에는 선거 유세장을 돌며 후보자들이 연설하고 많은 사람들과 서로 악수하는 모습을 어렵지 않게 보았지만 코로나19로 사람들이 모일 수 없는 상황이 되자, 메타버스 안에서 소통하고 이것을 소셜 미디어와 연결하는 방식을 취하게 된 거예요.

'모동숲'에서 사용자는 아바타를 사용하여 자신만의 무인도를 탐험하고 개척해요. 또한 다른 친구의 섬도 방문할 수 있어요. 코로나19로 외부와 소통이 단절되고 스트레스가 높아진 환경에서 사람들은 '모동숲'을 통해 휴식의 감정을 느끼고 다른 이들과 소통을 즐겼어요. 섬에 음식점을 차리거나 입시 학원들을 만들어 다른 사용자들을 초대하여 즐기는 사용자들도 생기면서 '모동숲'이 소통을 위한 메타버스로 떠오른 셈이죠.

최근 우리나라는 가전업계도 가상 세계에 빠져들었어요. 2021년 LG전자는 '모동숲'을 활용하여 올레드섬과 LG릿섬을

발표했어요. 가상 환경에 익숙한 MZ세대를 겨냥하여 각 회사의 TV 강점을 자연스럽게 알리는 효과를 거둘 것으로 기대하고 있어요. 또한 롯데하이마트도 '모동숲'에 하이메이드섬을 열어 하위 브랜드별로 인기 상품을 볼 수 있도록 했어요. 하이메이드섬을 통해 롯데하이마트 역시 MZ세대들에게 하이메이드를 알릴 뿐만 아니라, 이곳에서 얻은 아이디어를 나중에 상품에 반영할 계획을 가지고 있대요. 이처럼 가전업계에서도 가상 세계를 활용하여 가전을 보다 재밌게 선보일 수 있는 마케팅 전략으로 삼고 있으며, 미래 소비자를 겨냥한 좋은 기회라고 보고 있어요.

상상하는 대로 현실이 되는 세계

요즘은 '멍때리기'가 유행이라고 해요. 타닥타닥 타고 있는 캠프파이어의 장작이나 수조 안에서 이리저리 헤엄치는 물고기 혹은 푸릇푸릇 싱그러운 화초를 보며 아무 생각 안 하고 멍~ 하니 있는 것을 멍때리기라고 하죠. 이제 이 멍때리기가 첨단 산업을 이끄는 아이템이 되기도 하고, 지친 현대사회에서 정신 건강에 없어서는 안 될 필수 조건이 되기도 했어요. 사람의 상상력은 무궁무진해요. 그러나 연구 결과에 의하면 멍때리기와 같이 뇌를

쉬게 할 때 여러 가지 상상력으로 더 큰 효과를 얻을 수 있다고 해요. 이번에 소개할 가상 세계 메타버스는 이 상상력과 매우 깊은 관련이 있어요.

  가상 세계는 말 그대로 현실 세계에 없는 전혀 다른 신세계를 말해요. 바로 사람들의 상상력에서 비롯된 것이죠. 즉, 현실과는 다른 공간, 시대, 문화적 배경, 등장인물, 사회 제도 등을 디자인해 놓고, 그 속에서 살아가는 현실 세계의 경계가 허물어진 3차원 가상 세계예요.

 인간은 아주 먼 옛날부터 영원히 살고 싶어 했고, 그 삶 속에서 끝없는 만족을 좇으며 살았어요. 그러나 인간의 생명이란 정해진 시간이 있고 그 욕심은 끝이 없기 때문에 영원히 살고 완벽하게 만족할 수는 없다는 것을 알고 있지요. 그래서인지 이제는 스스로 만들어 낸 신세계에서 내 본래의 모습이 아닌 아바타, 즉 인공지능 캐릭터와 함께 어울려서 지내려 해요.

새로운 소통을 위한 세상

 가상 세계 메타버스는 상상하는 대로 만든 신세계로 그곳에서 사람들과 만나며 소통하며 놀이도 즐길 수 있어요. 그렇다면 현실 세계에서 공부도 하고 운동도 하고 게임도 하고 친구도 사귀고 여행도 갈 수 있는데 굳이 가상 세계를 만들어 그곳에서 다시 사람들을 만나서 무슨 일을 할까요?

 사람들은 가상 세계를 이루고 있는 세계관, 철학, 규칙, 이야기, 지형, 사물 등을 탐험가나 과학자와 같은 자세로 탐험하며 새로움을 발견하고 즐거워해요. 또한 현실 세계에서 알고 지낸 친구들을 포함하여 한 번도 만난 적 없는 친구들까지 소통하며 폭넓은 인간관계를 만들어 갈 수 있죠. 게다가 가상 세계에 존재하는 아이템이나 디지털 자산을 얻거나 높은 레벨과 권한을 얻으며, 자신이 세운 계획에 도달하는 성취감을 즐길 수도 있어요. 다시 말하면 가상 세계에서도 현실 세계와 마찬가지의 경험을 하고 있지만, 가상 세계에는 좀 더 인간관계나 자연적 조건에 구애받지 않고 즐기려고 하는 사람들의 심리가 숨겨져 있지요. 예컨대 가상 세계에서는 현실 세계에서보다 더 폭넓게 친구들을 사귈 수도 있어요. 그 사람들은 대부분 현실 세계에서는 만난 적이 없는 사람이기 때문에, 내 마음속 이야기를 속 시원히 터놓기도 하겠죠.

우리는 현실 세계에서 내 마음대로 되지 않는 일들이 너무나도 많고, 내 뜻과는 다르게 친구들과 관계가 망가지기도 하고 부모님과 갈등을 겪기도 해요. 그렇다고 이러한 현실에서 도망가기 위해 가상 세계에 빠져들면 안 되겠죠. 현실 세계에서 일어나는 불편한 일들을 피하기 위해서가 아니라, 더 효율적이고 풍부한 경험을 하기 위해 가상 세계를 즐겨야 해요. 그렇다면 과연 가상 세계에서의 경험이 현실 세계를 살아가는 우리에게 어떤 의미가 있을까요? 이미 현실 세계 안에 들어와 있는 가상 세계를 어떻게 이해하고 현실 세계와 어떻게 연관을 지으며 부족한 점을 어떻게 극복할 것인지 생각해 봐야 할 거예요.

난폭하고 폭력적이다?

요즘 뉴스는 안타깝게도 훈훈한 소식보다는 끔찍한 사건 사고가 많아요. 그중에서 상상하기도 힘든 사건들이 많이 있는데 사건을 일으킨 사람들의 공통점 중 하나가 폭력적인 게임을 즐긴다는 거예요. 그래서 현실 세계에서의 스트레스도 풀고 친구들과의 관계를 더 좋게 만들기 위해 게임을 즐기는 사람들을 걱정하거나 색안경을 끼고 보는 불편한 시선도 있지요. 모두가 그런 것은 아니지만 어쩌면 폭력적인 게임이 사람들을 난폭하게 만들 수도 있어요. 그러나 현실 세계에서 정서적 안정감과 바른 교육으로 훈련된 사람들에게는 해당되지 않는 이야기예요.

인간의 정서를 담당하는 호르몬 중에는 도파민, 테스토스테론, 코르티솔이 있어요. '도파민'은 자극과 관련된 호르몬으로, 태어나면서 20세 전후가 될 때까지 그 수치가 지속적으로 상승해요. '테스토스테론'은 지배욕과 관련된 호르몬인데, 계속 높아지다가 20~30세 무렵 최고치가 돼요. 이때는 누군가 누르고 싶고 이기고 싶은 마음 또한 최고치가 되겠죠. '코르티솔'은 균형과 관련된 호르몬인데 20대가 넘는 지점까지 수치가 계속 내려가요. 즉, 20대까지는 균형을 잡고 안정을 유지해야겠다는 마음이 별로 생기지 않는다는 뜻이지요.

종합해 보면 청소년들은 높아지는 도파민 수치로 지속적인 자극을 추구하고, 치솟는 테스토스테론 수치를 주체하지 못하여 누군가와 부딪히면 어떻게든 싸워 이기려 해요. 반면 코르티솔 수치는 낮아서 이런 자극과 싸움이 만드는 불안한 심리 상태를 대수롭지 않게 여기지요. 따라서 가상 세계에서 아이들의 난폭함과 무모함은 반드시 가상 세계 때문만이 아니라, 성장하는 데 따른 자연스런 현상이기도 해요.

그렇다고 가상 세계에서의 이러한 난폭하고 무모한 행동을 무시해도 된다는 것은 아니에요. 앞서 이야기한 것처럼 현실 세계의 사람 간 소통을 제대로 익힌 다음, 가상 세계 메타버스로 가야 해요. 즉, 현실 세계에서 부모님이나 친구들과 애정과 우정으로 연결된 관계를 잘 형성해야 하지요. 나만을 생각하는 이기적인 마음보다 상대방을 배려하고 서로의 생각과 행동을 존중하는 마음이 우선시 될 때 가상 세계 메타버스를 더욱더 의미 있게 즐길 수 있을 거예요. 어쩌면 현실 세계와 가상 세계를 구분하는 능력이 갖추어져야 하는 이유이기도 할 듯해요.

가상 세계의 경험도 쓸모 있는 것일까?

가상 세계에서 만난 사람들은 늘 새로움을 추구해요. 새로운 아이템이나 새로운 미션을 즐기며 도전하고, 설령 실패했다 해도 크게 실망하지도 않아요. 새로움을 만드는 과정, 그 자체를 즐기고 있죠. 어떤 사람들은 가상 세계에서 경험하는 이 모든 일들이 현실 세계와는 관련이 없다고 말해요. 그러나 가상 세계와 현실 세계의 연결성을 보여주는 사례들을 보면 그렇게 생각할 일만도 아닌 것 같아요.

'아메리카스 아미'라는 게임에는 위생병 역할을 맡아 훈련하는 미션이 있어요. 이 게임을 즐기던 팩스톤이라는 유저는 고속도로에서 뒤집어진 SUV차량의 탑승자를 발견하고, 게임에서 위생병 역할을 했던 경험을 떠올려서 응급 처치를 실시하여 안전하게 돌보았대요. 또 2017년, 아일랜드의 한 도로를 달리던 차 안에서 79세의 할아버지가 11세 손자를 태우고 가던 중 정신을 잃은 사건이 있었어요. 할아버지는 가속 페달을 계속 밟고 있어 차가 앞으로 달리고 있는 위험한 상황이었지요. 손자는 자동차 운전 게임을 플레이했던 경험을 떠올리며 한 손으로는 할아버지를 부축하고 한 손으로는 핸들을 조작해서 아찔한 순간을 모면했다고 해요.

이뿐만이 아니에요. 2011년 '리니지' 게임을 즐기는 한 유저의 가족이 혈액이 부족한 응급 상황이 일어났어요. 특히 RH⁻O형이라는 희귀 혈액이라 더욱더 위험한 상황이었는데, 이 유저는 평소 즐기던 '리니지' 게임에 공지 사항을 올렸죠. 그러자 현실 세계에서는 한 번도 본 적이 없던 '리니지'의 플레이어 중에서 헌혈자가 나타나 가족의 생명을 구할 수 있었다고 해요.

이처럼 가상 세계에서의 경험은 현실 세계를 살아가는 우리에게 엄청난 영향을 끼칠 수 있어요. 가상 세계를 통해 다른 사람의 도전이나 시행착오를 보면서 대리 경험을 하게 되니까요. 현실 세계에서도 내가 직접 겪어보지 않아도 주어진 환경과 미션에 따라 다른 사람이 어떻게 판단하고 해결하는지를 하나씩 배워가게 되지요. 가상 세계에서는 그런 대리 경험을 더 빠른 속도로 다양하게 경험할 수 있고, 그런 경험을 통해 나의 자신감이 높아지기도 해요.

또한 우리 뇌는 몸과 연결되어 있어요. 우리가 몸을 움직일 때, 뇌는 더 활발하게 작동하지요. 그러니 스마트폰으로 가상 세계를 간접 경험하지만 말고, 현실 세계에서 적극적으로 소통하고 활발하게 몸을 움직일 때 가상 세계에서의 좋은 점을 최대한 누릴 수 있을 거예요.

메타버스 안에서 쌓는 우정

친구들과 아름다운 우정은 현실 세계에서만 있는 것은 아니에요. 메타버스 중에서 가상 세계 메타버스에서는 나이, 연령, 인종과 상관없이 우정을 쌓는 게임이 있어요. 바로 게임 기반 메타버스 서비스인 '로블록스'인데, '로블록스'는 스튜디오를 활용해서 슈팅, 전략, 소통 등 다양한 주제의 게임을 사용자가 직접 만들 수 있는 것이 특징이에요.

2006년 미국에서 처음 등장한 '로블록스'는 레고처럼 생긴 아바타를 만들어 게임을 개발하거나 다른 이용자의 게임에 참여할 수 있는 플랫폼이에요. '로블록스'에서는 다른 사람이 만든 세

'로블록스' ▲

계에서 노는 플레이어 역할과 다른 사람이 놀 공간을 만들어 주는 창작자 역할을 동시에 할 수 있어요. 이러한 모든 활동 과정이 별 어려움 없이 할 수 있다 보니 '로블록스'의 사용자는 점점 늘어 2020년에는 1억 500만 명을 넘어서고 있어요. 특히 6~16세의 유아를 비롯한 청소년들까지 '로블록스'를 즐기고 있어, 미국에서는 청소년을 대상으로 사업을 펼치고 있는 그 어떤 기업보다 압도적으로 많은 고객을 확보한 플랫폼이기도 하지요.

현실과 하나 되는 메타버스

지금까지 메타버스는 게임 수준이 대부분이었어요. 그러나 배틀로얄 구조의 메타버스인 '포트나이트'는 현실 세계의 기업들과 연결하여 광고 역할을 톡톡히 하고 있어요. 먼저 배틀로얄은 프로레슬링에서 한 링에 여러 명의 선수가 동시에 올라가 경기를 시작해 최후에 남는 1인이 승리하는 방식을 말해요. '포트나이트'는 배틀로얄 형식을 취하여 여럿이 동시에 게임을 해서 최후에 남는 1인, 생존자가 승리하는 규칙을 기본으로 하고 있어요.

'포트나이트'는 기업들 중 나이키와 협력하여 현실 세계의 제품을 메타버스 안으로 가져가는 시도도 했어요. 나이키 에어 조

'포트나이트' ▲

던 의상을 메타버스 안에 있는 상점에서 '포트나이트'의 가상 화폐인 1,800브이벅스에 판매했으며 마블과 협업하여 영화 히어로가 사용하는 무기들을 '포트나이트' 안에서 사용할 수 있게 제공한 거예요. 이처럼 나이키나 마블 등이 현실 세계의 지적 재산권을 활용해서 가상 세계 메타버스에서 새로운 수익을 창출하는 모델을 들었어요.

과거에는 쇼핑을 할 때는 재래시장이나 백화점에 직접 가서 물건을 사고팔았고, 시간이 지나 인터넷이 발달하면서 컴퓨터를 켜고 여러 쇼핑몰에 접속하는 온라인 쇼핑을 했어요. 지금은 각자 가지고 있는 스마트폰으로 온라인 쇼핑을 즐기지요. 그러나 이제 그런 시대를 지나 메타버스에서 놀기도 하고 일도 하고 쇼핑하며 사람들과 소통하는 시대가 시작되었어요. 메타버스가 단순히 게임을 넘어 현실에서의 삶과 하나로 연결되는 경험을 할 거예요.

가상 세계를 구현한 「레디 플레이어 원」

「레디 플레이어 원」은 어니스트 클라인의 소설을 스티븐 스필버그 감독이 2018년에 발표한 영화예요. 영화에는 '오아시스'라는 가상 현실 게임이 등장해요. '오아시스'에 접속하기 위한 장비는 현재 우리가 사용하는 장비와 매우 비슷해요. '오아시스'의 창시자는 자신이 가상 현실 속에 숨겨둔 세 개의 미션에서 우승하는 사람에게 '오아시스'의 소유권과 막대한 유산을 물려준다는 유언을 남겼어요. 유산을 차지하기 위해 IOI라는 거대 기업은 직원을 동원하기까지 하지요. 영화는 IOI에 맞서서 '오아시스'를

▲ 「레디 플레이어 원」

'오아시스' ▲

지키려는 소년의 모험 이야기예요.

  '오아시스' 게임은 가상 세계 메타버스예요. 여기서 우리가 생각할 부분이 있어요. 먼저 '오아시스' 수준의 실재감을 주는 가상 세계 메타버스가 존재하는가예요. 영화에서 '오아시스'는 현실 세계와 구분이 되지 않을 정도로 사실에 가깝죠. 「레디 플레이어 원」에서는 물건을 만지거나 걷거나 달릴 때 느끼는 감각이 매우 사실적인 데 비해, 현실 세계에서는 아직 그 정도의 가상 세계가 존재하지는 않아요. 또한 영화에서처럼 실제에 가까운 기술이 발달하는 것이 반드시 필요한지, 그리고 그런 기술을 개발해도 되는지는 생각해 볼 문제예요. 왜냐하면 현실 세계와 똑같은 실재감의 가상 세계가 있다면 현실과 가상을 구분하지 못해 여러 가지 심리적, 정서적 안정감을 위협받을 수도 있기 때문이지요.

또한 영화에 등장하는 거대 기업인 IOI가 직원들을 '오아시스' 게임에 접속시켜 일을 시키는 장면도 생각해 볼 일이에요. 이 직원들의 일터는 결국 메타버스인 셈인데 앞으로 가상 세계 메타버스 안에만 존재하는 일자리가 지속적으로 늘어날 것이라고 예상할 수 있어요. 메타버스 내의 질서를 유지하고, 사람들을 돕고, 아이템을 찾아내고, 공연을 하는 등의 일자리가 생길 거예요. 가상 세계의 일자리가 늘어나서 거의 모든 사람들이 가상 세계로 출퇴근을 하게 된다면 교통 문제, 주택 문제, 육아 문제 등이 어느 정도 해결되겠죠. 하지만 현실 세계와 완벽하게 단절된 가상 세계 메타버스 안에서만 있어야 한다면 과연 좋은 일자리일까요? 영화에서도 '오아시스'를 구하기 위해서는 가상 세계가 아닌 현실 세계의 우정과 사랑의 힘이 필요하다고 하니, 그 어떤 가상 세계도 현실 세계와 동떨어져 존재할 수는 없을 것 같아요.

VR는 선한 기술일까?

2021년 1월 MBC에서는 「VR 휴먼다큐멘터리-너를 만났다」라는 프로그램을 통해 4년 전 세상을 떠난 아내이자 엄마를 만나는 가장과 그 아이들을 소개했어요. 가상 현실(VR virtual reality) 기술을 통해 다시 만난 가족들은 상기된 표정이었어요. 커다란 VR 고글을 쓰고 허공에 팔을 휘저으며 세상을 떠난 아내를 만지려는 남편은 결국 참았던 눈물을 쏟아내고 말았지요. 그 모습을 지켜보는 시청자들 역시 같이 슬퍼하며 눈물을 흘렸어요. 이 프로그램은 먼저 세상을 떠난 사람들에게 가족이나 친구, 친척들이 미처 하지 못한 말을 전할 수 있게 한다는 뜻에서 기획이 되었다고 해요. 그야말로 디지털 기술이 '선한' 도구로 사용되었다고 할 수 있지요.

실제로 VR 기술은 발전을 거듭하며 의료계에서도 사용이 되고 있어요. 예를 들어 고소공포증을 겪고 있는 사람들에게 VR 영상을 보여주며, 가상 현실 속에서 트라우마를 극복하게 하는 것이죠. 또한 다른 사람에 대한 공감 능력과 이해도를 높이기 위해 영국 알츠하이머 연구소는 간병인 교육에 VR를 활용하기도 해요.

그러나 VR 기술의 발전이 가져온 많은 콘텐츠에 대하여 걱정하는 목소리도 있어요. 실제로 앞서 말한 다큐멘터리는 방송 직후 가족을 잃은 슬픔을 돈을 벌기 위한 수단으로 사용했다는 비판을 받기도 했어요. 사람에게는 '잊힐 권리'가 있어요. 세상을 떠난 사람들을 다시 부활시켜 살아 있는 사람들의 위로가 되는 것은 좋은 일이지만, 죽은 사람의 의견은 반영되지 않았기 때문에

어쩌면 그들은 원하지 않을 수도 있다는 뜻이겠죠. 2014년 세상을 등진 미국 배우 로빈 윌리엄스는 유서에 자신의 생전 모습을 2039년까지 어떤 영역에서도 사용할 수 없다고 못 박았다고 하니 죽은 사람의 의견도 존중되어야겠죠?

어쩌면 세상에 존재하지 않는 것은 시간이 흐르면 잊히는 것이 자연의 이치일지도 모르겠어요. 이런 차원에서 실제와 가상의 구분이 어려워지면서 현실에서의 VR 기술이 과연 선한 것이기만 한 것인지, 자연의 흐름을 거스르는 것은 아닌지 생각해 봐야겠어요.

현실 세계에서도 이렇게!

메타버스는 대부분 현실 세계를 기반으로 만들어져요. 그러나 '월드오브워크래프트'라는 게임에서는 가상 세계에서의 행동이 코로나19라는 바이러스로부터 우리 사회가 어떻게 대응해야 할지에 대한 해답을 제공하고 있어요. '월드오브워크래프트'(WoW World of Warcraft)는 세계적인 게임 회사인 블리자드 엔터테인먼트에서 개발한 게임이에요. 2004년 오픈된 'WoW'는 13개의 종족, 11개의 직업이 존재하며 사용자 수가 1,000만 명이 넘는 가상 세계 메타버스예요.

그런데 2005년 9월 13일 이 'WoW' 세계에 큰 문제가 생겼어요. 학카르라는 괴물은 일정 지역에 들어간 사용자에게 바이러스를 감염시켜 병에 걸리게 하는 캐릭터였어요. 병에 걸리면 점점 생명력이 떨어져 끝내 사용자는 죽게 되지요. 일정 지역에서만 퍼지는 바이러스여서 이 지역만 벗어나면 자연스럽게 병이 낫는다는 점은 매우 다행이었지요. 그러나 사냥꾼이 야생 동물을 길들여 데리고 다닐 때, 학카르 바이러스가 이 동물에 전염되면 동물은 자연 치유가 되지 않아 해당 지역을 벗어난다 해도 바이러스는 계속 살아 있었어요. 그 때문에 사냥꾼이 데리고 있던 동물의 바이러스가 대도시에 있는 다른 사용자나 비플레이어 캐릭터

▲ '월드오브워크래프트'

'월드오브워크래프트' ▲

(NPC^{Non-Player Charater}, 게임 속 세계관과 스토리에 필요한 등장인물이며 사람이 조정하지 않고 컴퓨터의 알고리즘이나 인공지능에 의해 움직이는 캐릭터)를 감염시켰어요. 특히 감염된 NPC는 죽지 않고 다시 살아나기 때문에 전염병이 급속도로 퍼지면서 메타버스는 큰 혼란에 빠졌지요.

이때 가상 세계 메타버스 속 사람들은 각자의 역할에 충실하기 시작했는데 치료사는 감염된 다른 사람들을 무료 치료해 주고 일부 사용자들은 민병대를 구성해서 감염을 최소화하는 일을 하였어요. 그러나 가상 세계에서도 일부러 감염 지역으로 유도하거나 감염된 사람이 많은 사람들하고 접촉하기도 했어요. 또한 생수를 전염병 치료제라고 속여 파는 나쁜 행동을 하는 사람도 있었지요. 결국 메타버스를 운영하는 블리자드가 나서서 직접 문제를 해결하며 사건은 마무리되었고, 결국 학카르라는 괴물의 특성을 변경해서 이런 문제가 생기지 않도록 조치했어요.

학카르 바이러스 사건을 보며 지금 우리가 겪고 있는 코로나 19 바이러스가 떠오르지 않나요? 전염병을 예방하고 이겨내기 위해 사회 시스템이 어떻게 발전하고 구성원 각자가 어떻게 행동해야 할지 '월드오브워크래프트' 메타버스를 참고해야 할 것 같아요.

메타버스 속 인공지능 '오토'

현대사회에서 인공지능과 연관되지 않은 분야는 많지 않아요. 집 안의 가전제품은 물론이고 TV 속 연예인도 인공지능 AI가 차지하기도 하지요. 이렇듯 인공지능에 대한 관심과 논란이 뜨거운데 가상 세계에서도 마찬가지예요. 가상 세계에서 인공지능의 역할을 알아보고 현실 세계에서 참고하면 좋을 거예요. 먼저 가상 세계의 인공지능의 역할 중 첫 번째는 가상 세계에서 살아가는 NPC의 역할이에요. NPC는 일반적으로 플레이어와 서로 소통할 수 있는 비플레이어 캐릭터를 말해요. NPC는 세계관을 유지하기 위해 필요한 역할 중 하나인데, 사람들에게 별 인기가 없거나 중립적인 역할을 맡게 되지요.

사람들은 인공지능이 일상화되어 집집마다 청소하는 로봇, 노약자를 돌보는 로봇, 아침 식사를 차려주는 로봇 등과 함께 살아갈 것을 상상해요. 이때 이 로봇들과 어떻게 소통하게 될지 걱정 반, 기대 반일 거예요. 그런데 가상 세계 메타버스 속에서는 이미 인공지능 NPC들과 어울려 살고 있어요. 현실 세계에서 인공지능 로봇들과 어떻게 어울리며 살아갈 것인가를 가상 세계에서 연습하고 있는 셈이지요.

두 번째, 가상 세계 전체를 관리하기 위한 인공지능의 역할이에요. 여러 사람이 동시에 접속하고 활동하는 메타버스 안에는 하루에도 어마어마한 분량의 데이터가 쌓여요. 이러한 빅데이터를 인공지능으로 분석해서 메타버스 속 사람들의 향후 행동을 미리 알아보고 메타버스의 규칙을 조정하는 데 사용하지요.

마지막으로, 가상 세계에 사람처럼 보이는 인공지능 오토의 역할인데, 오토는 메타버스 안에서 NPC가 아닌 사람 캐릭터를 사람 대신 조작하는 프로그램을 뜻해요. 예를 들면 내가 메타버스 안에서 사냥꾼으로 활동하는데, 나를 대신해서 오토 프로그램이 내 캐릭터를 조정하게 만드는 방식이지요. 게임을 즐기기 위해서라기보다 짧은 시간 안에 자신의 캐릭터를 성장시켜 자랑

하고 싶거나, 오토에게 아이템을 수집하게 하고 그 아이템을 다른 사용자에게 되팔기 위해 사용하는 방식이기도 하죠.

　가상 세계의 인공지능 오토는 여러 가지 문제점이 있어 대부분 국가에서 오토의 사용을 금지하고 있어요. 오토를 기업적으로 운영하는 이들이 많은 문제를 일으키기 때문이지요. 수십 대의 컴퓨터에 오토 프로그램을 깔고 이 오토를 몇 명의 사람들이 관리하면서 메타버스에서 아이템을 수집하게 해요. 그러다 보니 정상적으로 게임을 즐기는 사람들은 원하는 아이템을 수집할 수 없는 경우가 생기는 거예요. 이미 오토들이 가져가 버렸으니까요. 따라서 애초에 메타버스를 설계하고 운영하는 경제 시스템이

나 자원의 귀중함을 정하는 데에도 문제가 생겨요. 메타버스 안에서 아이템을 사려는 사람은 많은데 정작 아이템은 고갈되어 인플레이션을 초래하게 되지요. 사람들을 위해 만들어진 메타버스인데 그 세계를 사람이 아닌 인공지능 오토가 지배하는 상황이 된 거예요. 하지만 이 오토를 조정하는 것은 다름 아닌 욕심 많고 이기적인 인간이죠. 따라서 인공지능 기술 개발과 상용화를 서두르기에 앞서 메타버스에서 인공지능이 일으키는 문제를 다시 한번 생각해 봐야 할 거예요.

MZ세대를 위한 광고

　세계의 유명 제품은 일반적으로 모델을 활용하거나 제품의 기능을 광고나 상점을 통해 알리곤 해요. 그러나 이제는 세계적인 명품 시장 또한 가상 세계에 합류했어요. 2019년 하반기부터 프랑스의 명품 브랜드인 루이비통은 라이엇게임즈가 운영하는 게임인 '리그오브레전드(LoL $^{League\ of\ legend}$)'와 협력하기 시작했어요. 'LoL'은 룬테라라는 세계를 배경으로 암살자, 전사, 탱커, 마법사 등 약 150여 개의 역할을 가진 사람들이 전투를 벌이는 게임이에요. 'LoL'은 우리나라에서도 많은 청소년들이 이용하고 있는데, 세계 e스포츠 대회 중에서 가장 많은 시청자가 관람한 기록을 가지고 있는 대회가 바로 'LoL' 월드 챔피언십, 일명 롤드컵이에요.

　루이비통은 'LoL' 내에서 사용하는 게임 스킨에 루이비통 문양을 넣어주는 방식과 'LoL' 게임에서 사용하는 로고와 등장하는 캐릭터 등을 넣은 루이비통 제품을 만들어서 'LVxLoL'이라는 컬렉션으로 직접 판매하는 방식을 통해 협업하고 있어요. 게임에서 캐릭터의 겉모습이나 게임을 조작하는 화면의 모습을 바꿔주는 아이템인 스킨에 루이비통 문

양을 넣어 마치 내가 루이비통 옷을 입듯이 게임에서 내 캐릭터에 루이비통 옷을 입히는 것이죠. 루이비통뿐만이 아니에요. 영국의 명품 브랜드인 버버리는 독특한 게임을 직접 출시하기도 했어요. 'B서프'라는 이름의 서프 경주 게임인데, 서핑 의상과 보드를 모두 버버리 문양이 새겨진 것을 무료로 제공하고 있어요. 세계적인 패션 기업이 게임에 빠진 셈이지요.

    마케팅에이전시인 PMX는 2025년까지 세계 명품 시장 고객의 45퍼센트 이상을 MZ세대가 차지하리라 예상했어요. 바로 이런 점에 주목하는 명품 패션 기업들은 메타버스를 즐기는 MZ세대들이 현실 세계에서도 루이비통과 버버리를 사용할 것이라고 기대하는 거예요. MZ세대들에게 제품을 알리기 위해서는 현실 세계에서 광고하기보다 그들이 주로 머물며 노는 메타버스 속으로 기업이 깊숙이 들어가는 등 발빠른 대처를 하고 있는 점이 돋보이네요.

06
메타버스와 함께 살아가는 우리의 태도

메타버스와 현실의 관계는 모방이다

18세기 프랑스의 대표적인 계몽 사상가인 볼테르는 '독창성은 단지 사려 깊은 모방이다'라고 말했어요. 즉, 우리가 독창적이라고 생각하는 발명품도 모방에서 시작했다는 말이지요. 인류 최초의 비행기는 미국의 라이트 형제가 만들었어요. 이 비행기는 대머리독수리가 하늘을 날 때 날개의 모습에서 아이디어를 얻었다

고 해요. 파리나 잠자리의 눈은 낱눈이 겹겹이 모여 있는 겹눈 구조를 가지고 있어요. 이런 구조 덕분에 시야가 넓고, 먼 거리도 선명하게 볼 수 있죠. 이런 파리의 겹눈 구조를 모방해서 만든 것이 카메라 렌즈 중 초광각 렌즈예요. 초광각 렌즈는 좁은 방에서 단체 사진을 찍을 때 넓은 시야를 제공하기 때문에 여러 예능 프로그램에서도 많이 활용하고 있어요.

화가는 자연 풍경을 모방해서 그림을 그리고 음악가는 자연의 소리를 모방해서 노래를 만들죠. 메타버스 역시 거대한 모방 공간이에요. 현실 세계에서 우리가 하는 모든 행동과 소통 방식이 모방을 통해 재현되는 놀이의 공간인 거죠. 상상 속의 이야기를 모방한 증강 현실 세계나 현실 세계에서 일기 쓰기나 편지 보내기를 모방한 라이프로깅 세계, 현실 세계를 그대로 모방해 새로운 놀이 문화와 서비스를 제공하는 거울 세계는 물론, 현실 세계와 그대로 닮아 있지만 상상 속의 세계를 재현하는 가상 세계는 모방의 산물이에요.

그렇다면 메타버스와 현실과의 관계는 어떨까요? 메타버스가 있기 때문에 현실 사회는 뒷전으로 물러나야 할까요? 아니면 현실 세계가 있으므로 메타버스는 유행처럼 번지다가 곧 사라지고 말까요? 아이러니하게 메타버스는 현실 세계를 더 단단하게 묶어주는 동시에 위협하기도 해요. 예를 들면 코로나19로 학교에서 수업을 듣는 대신 온라인 강의로 수업을 들어요. 또 서로 만날 수 없는 친구들도 소셜 미디어를 통해 서로 연락을 주고받지요. 소상공인들의 경우, 가게로 손님이 찾아오지 않지만 배달 앱은 상권을 지키는 데 큰 보탬이 된다고 해요.

하지만 이렇게 메타버스가 현실에서의 관계나 상황을 조금 더 단단하게 해주는 역할을 한다고 하더라도 메타버스가 현실을 완전히 대체해서는 안 돼요. 만일 온라인 강의로만 수업이 이루어진다든가 소셜 미디어를 통해서만 친구를 사귀게 되면 우리는 현실에서 경험할 수 있는 많은 부분을 놓치고 말 거예요. 스마트폰 안에서 이루어지는 메타버스는 물리적인 형태는 없어 보이지만 모두 현실에 기반을 두고 있어요. 따라서 현실 세계가 없다면 메타버스 역시 존재할 수 없겠죠? 메타버스는 현실을 모방한 것이니까요. 마치 인간에게 영혼이 없다면 살아 있지 않는 것처럼 말이죠.

처벌보다는 보상

메타버스와 현실 세계는 보상이라는 측면에서 큰 차이가 있어요. 현실 세계에서는 칭찬보다 벌칙을 적용하지요. 가령 여러분이 복장이 불량하다면 당장 담임 선생님에게 불려 가 꾸중을 들을 거예요. 교통 법규 역시 잘 지킨다고 보상이 있는 것은 아니지만 위반하면 벌금을 내는 처벌이 주어지지요.

그러나 메타버스에서는 대부분 벌금, 처벌, 비난 등의 '빼기'가 아닌 상금, 레벨업, 축하 등의 '더하기'로 설계되어 있어요. 메

타버스는 빼기보다 더하기를 중심으로 탐험하고 소통하고 성취하기 때문에, 현실에서보다 메타버스에서 노는 것을 더 즐거워하는지도 모르겠네요. 현실 세계에서는 시험과 같은 도전에 실패하면 좌절에 빠지거나 꾸중을 듣는 경우도 있어요. 그러나 메타버스는 실패해도 벌칙 같은 것은 없거든요. '로블록스'에서 건물을 짓다 망가져도 다시 지으면 돼요. 또 온라인 축구 게임에서는 우리 팀이 져도 크게 문제가 되지 않아요. 이길 때까지 다시 싸울 수 있으니까요. 메타버스에서는 실패를 하게 되면 좌절하고 절망하기보다 실패에 대한 경험이 오히려 도전하는 힘이 되기도 하지요.

현실 세계에서도 메타버스의 이러한 시스템을 본받아 벌칙보다 칭찬과 격려를 통해 실패를 딛고 다시 일어설 수 있는 계기를 제공하면 좋겠어요. 그렇게 되면 현실 세계와 메타버스는 모두 새로운 동기 부여를 불러일으키는 도전의 세계가 될 거예요.

내 거인 듯, 내 거 아닌, 내 거 같은

메타버스는 대부분 디지털 환경으로 되어 있어요. 그러다 보니 메타버스 안에는 수많은 정보와 아이템들이 모두 디지털 데이터로 기록되고 보관되어 있지요. 그렇다면 메타버스 세계 안에 있는 데이터는 누구의 것일까요? 내가 만들고 내가 활동하고 있으니 내 것일까요. 아니면 메타버스라는 세계를 만들고 우리가 놀 수 있게끔 여러 장치들을 준비해 준 기업의 것일까요? 결론부터 말하면 메타버스에서 생성된 데이터는 대부분 내 것이 아니에요.

인스타그램이나 페이스북 같은 소셜 미디어에 내가 찍은 사진이나 글을 올리면 이미 그때부터 플랫폼을 운영하는 기업의 차지가 돼요. 나는 그저 글이나 사진 등을 고치거나 지울 수 있을 뿐이지요. 만일 내가 쓴 글을 지우거나 계정을 삭제해도, 기업이 백업을 했거나 다른 사람이 공유한 데이터까지 지울 수는 없어요. 그래서 연예인이나 유명인 중에는 지난날이 후회되어 페이스북에 올린 글을 지워도 여전히 여러 플랫폼에는 부끄러웠던 글들이 그대로 남아 있어 문제가 되기도 하죠.

가상 세계 메타버스의 게임에서는 어떨까요? 게임을 하다 보면 캐릭터를 키우기도 하고 여러 아이템을 사기도 해요. 이때 내가 아이템을 돈을 주고 샀으니 게임 속 칼이나 총, 장신구 같은 아이템은 내 것일까요? 이 아이템들의 소유권 역시 내가 아닌 게임 회사가 가져요. 사실 게임 회사도 아이템을 만든 것에 대한 권리만 있을 뿐 아이템 자체를 소유할 수는 없지요. 사용자는 돈을 주고 이런 아이템을 사용할 수 있는 사용권을 산 거예요. 만일 게임 아이템이 사용자 개인의 것이라고 한다면, 여러 가지 복잡한 문제가 생길 수 있어요. 그중 하나가 게임 회사가 원래 있었던 아이템을 업그레이드하거나 새로운 아이템으로 바꿀 경우, 개인이 가지고 있는 아이템에 문제가 생길 수 있으므로 개인에게 아이템을 바꿔도 되는지 일일이 동의를 받아야 해요. 예를 들어 내가 별 모양의 장신구를 구입했는데 게임 회사에서 별 모양을 달 모양으로 바꾸려면 나한테 물어봐야 하는 거죠. 내 거니까요.

또 하나의 문제는 게임을 종료할 수 없다는 거예요. 게임을 종료하려면 개인이 산 아이템을 게임 회사가 돈을 주고 다시 사야 하겠죠. 다른 사람의 재산을 게임 회사가 마음대로 없앨 수는 없으니까요. 현재는 메타버스 속 데이터, 디지털 자산에 대해 개인 소유를 인정해주는 경우가 적지만, 더 다양한 메타버스가 등장하고, 메타버스가 일, 공부, 일상 활동에 폭넓게 쓰일수록 그 안에 있는 데이터, 디지털 재화 등에 대해 개인의 소유권을 인정해주는 부분도 커져야 할 것 같아요. 그래야 메타버스가 더 발전할 수 있겠지요.

NPC, 인공지능에게 인권이 있을까?

스티븐 스필버그 감독의 「A.I.」라는 영화에서는 사람들이 사이보그를 잡아 철창에 가두고 한 명씩 잔인하게 죽이는 게임을 하는 장면이 나와요. 아무리 로봇이라고 하지만 인간과 똑같이 생겼고 살아 있는 것 같은 로봇에게 그런 폭력적인 일을 하는 것이 영화를 보면서도 마음이 몹시 불편했어요.

온라인 게임 형태로 제공되는 가상 세계 메타버스에서 사람들은 자동차를 훔치고 NPC에게 마구 총질을 해대요. 가상 세계에서 정교하고 실재감이 높은 NPC나 인공지능 로봇과 상호작용을 어떻게 해야 할 것인가는 앞으로 우리들의 숙제인 것 같아요. 자칫 새로운 탐험, 소통, 성취 등을 즐기는 놀이 공간이 아무것도 책임지지 않고 폭력적이고 파괴적인 본능에만 집중하게 한다면, 현실 세계에서도 영화 속 로봇에게 하는 것과 같은 일이 일어날지도 모르니까요.

나이, 성별, 이름도 몰라요!

여러분의 이름은 누가 지었나요? 대부분 부모님이나 조부모

께서 지으셨을 거예요. 여러분의 의견과 상관없이 말이죠. 우리 이름은 우리를 나타내는 수단이에요. 가정에서도 학교에서도 친구들과 놀 때도 사이트에 가입할 때도 이름을 사용하지요. 그런데 이 이름을 쓰지 않는 공간이 있어요. 정확히 말하면 우리 이름을 쓰지 않는 것이지 아예 이름이 없는 것은 아니에요. 우리 이름과 달리 내 이름을 내가 지을 수 있지요. 바로 메타버스에서는 실제 내 이름이 아닌 닉네임을 사용하거든요. 그래서 나이도 얼굴도 직업도 이름도 모르는 익명성이 주어지게 되죠.

세계가 메타버스에 열광하는 이유 중 하나는 비대면 환경이 오래될수록 사람들은 암울한 현실에서 벗어나기를 원하고, 또 다른 자유 세계를 갈망하기 때문일 거예요. 이 자유로운 세계에서 익명성이라는 무기는 큰 힘을 갖게 되지요. 상대방이 나를 모를 때 여러분은 어떤 생각이 드나요? 불안한가요? 아니면 자유로움을 느끼나요? 아마도 후자가 많을 거예요. 아무도 내가 누군지 모를 때 우리는 어떤 선입견 없이 사람들을 대할 수 있겠죠. 나보다 잘생겼는지, 공부를 더 잘하는지, 돈을 더 잘 버는지, 말재주가 좋은지에 상관없이 메타버스 내에서는 누구와도 쉽게 친해지지요.

아마 여러분의 부모님 중 한 분이 여러분과 소통하고 싶어 거울 세계인 제페토에서 '나는 마흔 살 아무개야'라고 말을 걸면 어

제페토

🧑 냥이 ｛ 자! 이제 고고~~

🧑 아무개 ｛ **안녕 얘들아
나는 마흔 살 아무개야**

🧑 소년아 ｛ 헉~

🧑 초딩 ｛ 나퇴장

🧑 피카 ｛ ……………

🧑 빵야걸 ｛ 안녕

떤 반응이 일어날까요? 모두 침묵하다가 그 방을 다 나갈지도 몰라요. 초등학생이 많은 메타버스 내에서 나이 많은 사람에게서 오는 당혹감과 굳이 실명과 나이를 알고 싶지 않은 심리 또한 작용된 것으로 보이지요. 이처럼 메타버스에서는 누구인지 몇 살인지 남자인지 여자인지 알 필요가 없어요. 그저 서로 소통하고 있다면 누구나 친구가 될 수 있거든요. 따라서 메타버스에서 누구와도 열린 마음으로 소통할 수 있어요.

MZ세대의 용어 중 후렌드란 말이 있어요. 누구^{Who}와 친구^{Friend}가 된다는 의미이지요. MZ 세대들은 친구를 삼을 때 상대의 나이, 성별, 국적 등을 묻거나 따지지 않아요. 서구 사회에서는 젊은 사람과 나이 든 사람이 스스럼없이 이름을 부르며 친구처럼 지내는 것을 쉽게 볼 수 있어요. 이처럼 나이와 성별에 대한 선입견 없이 누구나 친구가 될 수 있는 메타버스에서는 소통이 잘된다고 느낀다면 그 누구와도 친구가 될 수 있는 거죠. 그러나 메타버스에도 나쁜 사람은 있을 수도 있기에 조심하고, 누군가가 조금이라도 이상하거나, 좋은 사람인지 나쁜 사람인지 판단이 안 설 때는 가까운 어른에게 도움을 요청해야 한다는 것도 잊지 말아야 해요.

폭발하는 공격성

익명성을 기본으로 하는 메타버스에서는 개인의 신상정보를 서로 공유하지 않은 채 소통하기 때문에 자신이 저지르는 일에 대해 책임감을 덜 느끼게 돼요. 또 메타버스에서는 현실 세계의 보고, 듣고, 맛보고, 느끼고, 냄새를 맡는 오감 중 일부만 사용해서 소통하기 때문에 상대를 이해하는 폭이 좁아지지요. 또한 괴롭히는 입장에서는 공포감을 상대적으로 훨씬 덜 느끼게 되고요.

현실 세계에서는 공격을 하는 사람이나 공격을 당하는 사람 모두 상대로부터 강한 공포감을 느낀다고 해요. 그런데 메타버스 내에서는 상대를 공격하는 사람은 본인이 안전하다는 생각을 하게 된대요. 바로 익명성 뒤에 숨어 있기 때문이지요. 그뿐만 아니라 현실 세계에서 느끼는 공포감을 일종의 재미로 생각하기까지 하죠. 따라서 메타버스 안에서는 사람들이 더 공격적이 될 수 있어요. 사이버 공간은 직접 만나거나 자신이 누구인지 밝히지 않아도 된다는 사실로 인해 현실보다 폭력적이고 죄책감을 덜 느끼거든요.

그렇다면 이러한 공격성을 두고만 봐야 할까요? 제도적 장치가 필요할 듯해요. 즉, 익명성을 유지하되 시스템적으로 익명성에 대한 책임도 함께 지게 하는 거죠. 가상 세계에서 시작된 일이 현실 세계의 범죄를 초래한다면 당연히 처벌받아야 하겠지만, 메타버스 내의 다양한 활동들을 모두 현실의 잣대로 규제할 수는 없는 면이 있어요. 따라서 상대방을 배려하고 그에 대한 공감 능력을 키워줘야 해요.

더욱이 메타버스가 억눌린 마음의 욕구를 내뿜는 도구가 되어서는 안 되고, 건전하고 안전하게 놀 수 있는 세상이라 생각하면 좋겠어요. 현실 세계와 마찬가지로 메타버스 안에서도 선과 악, 평화와 분쟁, 나눔과 독점은 늘 공존해요. 그리고 두 세계에서 어떤 것을 먼저 생각해야 할지 결정하는 책임과 권한은 우리 모두에게 있다는 사실을 명심해야 할 거예요.

온정의 땅, 메타버스

앞에서 살펴본 내용만을 보면 메타버스는 끔찍하고 야만적인 공간으로 이해할 수도 있어요. 그러나 세상의 모든 일에는 어두운 면과 밝은 면이 함께 존재하는 것처럼 메타버스 세상도 공격성만을 지니고 있지는 않아요. 예를 들어 '포켓몬고' 게임에서 서로 가진 포켓몬을 교환하는 미라클 교환이란 규칙이 있어요. 보통은 이 미라클 교환을 통해 자신에게 필요 없고 인기 없는 포켓몬을 처리하는 수단으로 사용되었으나, '포켓몬고' 게임의 한 사용자가 뜻하지 않은 제안을 했어요. 좋은 포켓몬을 만들어 '포켓몬고' 게임 초보자들에게 크리스마스에 선물을 하자는 이벤트였지요. 물론 이벤트에 참가하는 사람들은 서로 누가 누군지 모르지만, 고급 포켓몬을 받고 기뻐할 초급자들을 생각하며 행복해했어요. 받는 사람은 더할 나위 없이 감동적이었을 건 당연한 일

이고요.

  또 하나의 사례는 우리나라의 한 초등학생 유튜버 이야기예요. 한국의 문화재 소개를 콘텐츠로 제작하는 이 초등학생은 한국의 문화재를 다른 나라 사람들에게 알리고 싶어 방법을 찾다가 '로블록스'를 만나게 되었어요. 이 초등학생 유튜버는 '로블록스' 사용법을 파파고와 구글 번역기를 이용해 유럽 친구들에게 배웠지요. 외국 친구들의 도움으로 '로블록스' 사용법을 알게 된 초등학생 유튜버는 플랫폼에 한국의 서원을 세우기 시작했어요. 외국의 어린이들은 낯설고 특이한 서원에 관심을 보였고 초등학생 유튜버는 한국의 건축 문화에 대해 설명해 주었지요. 결국 이 초등학생 유튜버는 '로블록스'라는 메타버스를 활용하여 전 세계 또래 친구들에게 한국의 문화재를 알리고 싶다는 목표를 이룰 수 있었어요. 주목할 것은 공교육이나 다른 교육 기관의 도움 대신 전 세계에 있는 또래 친구들과 협력하여 목표를 이루었다는 것이지요.

  이렇듯 현실 세계와 마찬가지로 메타버스에서도 기쁨과 고통, 희망과 절망, 협력과 분란 등은 항상 함께 있어요. 이 둘의 조화를 어떻게 이루고 어떤 것을 더 많이 만들 것인지 결정하는 권한은 바로 우리에게 달려 있고, 그에 대한 책임도 함께 져야 할 거예요.

메타버스의 거대한 손

메타버스가 존재하기 위해서는 컴퓨터에서 다른 컴퓨터로 서비스를 제공하기 위한 서버, 방대한 데이터를 저장하는 저장장치, 데이터를 전송할 수 있는 통신망인 네트워크가 필수예요. 현실 세계로 따지자면 도로, 전기, 수도, 통신 등의 사회 간접 자본에 해당하는 것들이지요. 많은 기업들이 메타버스에 올라타고 있는 현 상황에서 기업들은 라이프로깅, 거울 세계, 가상 세계 등의 메타버스를 운영하기 위해 용량이 아주 큰 저장장치, 처리 속도가 빠르고 안정적인 서버급 컴퓨터, 안정적인 네트워크 등이 절실해요. 이런 것들을 빌려주는 서비스가 있는데, 쇼핑몰로 유명한 아마존이지요.

아마존은 온라인 쇼핑몰, 오프라인 매장 판매, 아마존 프라임, 아마존 웹서비스 등의 사업 영역이 있는 미국의 거대한 기업이에요. 여기에 AWS 클라우드 서비스를 제공하고 있는데 넷플릭스, 메타(구 페이스북) 등의 글로벌 기업들이 고객이에요. 다시 말하면 가령 넷플릭스가 영화나 드라마 스트리밍 서비스를 아마존 AWS를 통해 1억 6,000명이 넘는 넷플릭스 가입자에게 전달하는 역할을 하고 있는 거예요. 이렇게 아마존 이외에도 메타버스의 성장과 함께할 기업이 있어요. 마이크로소프트, 메타, 구글,

여러 게임 기업들이지요.

먼저 마이크로소프트는 메타버스의 접속 장치 역할을 하면서 쓰임새가 더 많아질 것이고 비즈니스에 특화된 소셜 미디어인 링크드인은 라이프로깅 세계, '마인크래프트'는 거울 세계 확장의 중요한 플랫폼이 될 거예요.

페이스북은 스마트폰과 컴퓨터를 통한 소셜 미디어 서비스에 주력했으나 점차 메타버스 영역을 확대하고 있어요. 2014년 페이스북은 가상 현실 장비를 만드는 '오큘러스 VR'를 인수했고 증강 현실과 가상 현실 분야에 더 투자한다는 계획을 발표하기도 했지요. 또한 '인피니트 오피스'라는 미래형 사무실 개념도 공개해서 코로나19 이후 재택근무가 일상이 된 상황에서 기업의 사무실을 가상 세계에 옮겨 메타버스 내에서 출퇴근과 함께 모든 업무를 처리하게 됐어요. 페이스북이 가진 어마어마한 규모의 고객 데이터를 볼 때 지금의 스마트폰과 텍스트 중심의 소셜 미디어에 머물지 않고 증강 현실 세계와 가상 세계를 중심으로 새로운 메타버스를 만들 것이라 예상할 수 있어요. 페이스북 CEO인 마크 저커버그는 2021년 7월에 향후 5년 내에 페이스북을 소셜 미디어 기업에서 메타버스 기업으로 전환하겠다고 선언하였고, 회사의 이름을 메타로 바꾸기까지 하였으니, 예상이 틀리지 않았네요.

구글은 현실 세계를 최대한 정밀하게 복사해 낸 지도 정보라는 강력한 재산이 있어요. 이를 바탕으로 어시스턴트, 네스트, 핏빗 등을 통해 우리의 일상생활, 가정 환경과 구글 생태계를 연결하려는 시도를 거울 세계를 통해 계속하고 있지요.

게임 기업들 역시 주목해야 하는 메타버스와 동반 성장하는 기업들 중 하나예요. 메타버스들 중 증강 현실 세계와 가상 세계를 시각적으로 실감 나게 구현하기 위해서는 게임 회사가 가진 시각화 기술이 매우 중요해요. 얼마만큼 사실에 가깝게 만들었는지에 따라 메타버스의 효용 가치가 달라질 테니 말이죠.

메타버스도 우리가 사는 세상이다!

사람들이 모여 사는 곳에는 법이나 규칙들이 있어요. 만일 이런 약속과 규칙이 없다면 어떻게 될까요? 사람들은 저마다 생각이 다르기 때문에 자기 생각이 더 중요하고 옳다고 우기게 될 거예요. 그럼 세상은 혼란 속에 빠지고 결국 망하게 될지도 몰라요. 그런데 현실 세계와 같이 친구를 맺기도 하고 여러 가지 의사소통을 하는 메타버스 세상에서도 비슷한 일들이 생기곤 해요. 더욱이 메타버스 세상에서는 이름, 얼굴, 나이, 성별을 몰라도 친구가 될 수 있고 서로 소통할 수 있기 때문에, 메타버스 세상 안에서는 현실 세계보다 도덕적 책임감 없이 잘못을 저지르는 경우가 많지요. 이를 방지하기 위한 법과 규칙이 필요하고요.

메타버스에서 내리는 최고의 벌은 밴(ban)이에요. 밴은 사용자의 계정을 삭제하고 영원히 돌아오지 못하게 하는 처벌이지요. 밴을 당했다는 것은 메타버스 내에서 매우 심각한 문제를 일으켰다는 의미예요. 예를 들면 라이프로깅 세계인 소셜 미디어에 음란물을 올리거나, 거울 세계인 음식 배달 플랫폼에 리뷰를 대량 조작해서 올리거나 가상 세계인 게임에서 오토를 돌리거나 하는 행위이지요.

현실 세계에서 밴이란 세상 어디에도 나의 기록은 없고, 아무도 나를 몰라볼 뿐 아니라 영원히 돌아올 수 없는 감옥에 갇히는 것과 같을 거예요. 그러나 메타버스에서는 달라요. 모두 그런 것은 아니지만 새로운 신분으로 다시 시작할 수 있는 메타버스가 많거든요. 그러니 밴을 당해도 다시 계정을 만들고 범죄를 반복하기도 해요. 현실 세계에서도 법을 지키지 않는 사람들이 있는 것처럼 메타버스 세상에서도 그런 사람들이 있어요. 그러니 이미 하나의 세계를 이루고 있는 메타버스 속에서 사용자들 스스로 메타버스 세계관을 존중하고 다른 사용자들과 함께 사용하고 살아나가기 위해 노력해야 해요.

메타버스는 하나의 모습으로 정하기 어려울 정도로 다양한 모습으로 등장하며 시시각각 그 모습이 변하고 있어요. 따라서 메타버스에서 생기는 문제를 미리 예측하기도 어려울 뿐만 아니라, 특정 규칙이나 약관을 만든다 하더라도 여러 가지 새롭게 생기는 문제를 완벽히 통제하기는 어려워요. 따라서 그 세계를 온전히 지키기 위해 우리 스스로 질서를 만들고 지키는 약속을 해야 해요.

리얼 메타버스는 현실 세계의 확장판이다!

지금까지 우리는 메타버스에 대해 알아보았어요. 현실 세계에 환상과 편리함을 덧입힌 증강 현실 세계, 나의 삶을 다른 사람과 공유하며 서로 위로받고 도전하는 라이프로깅 세계, 현실 세계를 바탕으로 효과적이고 많은 정보를 확장해주는 거울 세계, 마지막으로 메타버스 세계 중에서 현실 세계와 가장 구분할 수 없는 가상 세계까지 전 영역에 걸쳐 그 특징과 종류를 살펴보았지요. 메타버스는 성격에 따라 돈을 벌기 위한 플랫폼으로 생각하는 사람도 있고, 단순히 즐길 목적으로 만들어진 새로운 놀이터로 여기는 사람도 있을 거예요. 그리고 그 기술은 계속해서 발전

을 거듭하겠죠. 아마도 메타버스의 기술은 앞으로는 지금까지 발전된 기술의 속도를 앞지를 거예요.

이렇게 날로 발전하는 기술 덕에 SF 영화에서처럼 안경만 쓰면 먹지 않아도 맛을 알고, 바람이 불지 않아도 시원한 바람의 촉감을 느낄 수 있게 될 거예요. 비록 아직은 진정한 의미의 메타버스 기술은 등장하지 않았다 해도 곧 가상 세계의 아바타가 경험하는 모든 것을 사용자가 똑같이 느끼는 '리얼 메타버스' 세계가 열릴 거예요. 지금은 가상 세계를 구현하는 가상 현실 기술이 시각과 청각 경험만을 사용자에게 전달할 수 있지만 점점 촉각, 후각, 미각 등 오감 전체를 느끼게 하는 인공 감각 기술 개발을 위해 여러 가지 실험과 도전이 계속되고 있거든요.

그러나 메타버스가 아무리 정교하고, 수많은 사람들과 만날 수 있고, 재미있는 놀이터라 할지라도 현실 세계를 대신할 수는 없어요. 다시 말해 현실 세계를 대신하는 것이 아니라 현실 세계에서 확장된 개념으로 메타버스를 이해해야 한다는 거예요. 그래서 메타버스 세상에서 이루어지는 이름도 얼굴도 나이도 모르는 많은 사람과의 만남도, 실감 나는 게임도 현실 세계에서의 걱정이나 불안에서 벗어나기 위한 수단으로만 여겨서는 안 돼요. 잠시 머리를 식히고 에너지를 재충전하는 것이라면 상관이 없겠지만요.

현실 세계에는 메타버스 세상과는 맞바꿀 수 없는 가치 있는 것들이 가득해요. 부모님과 친구들의 애정과 자신의 미래를 결정 짓는 행동 혹은 미래의 거대한 세상과 맞서 살아갈 가치관은 현실 세계의 관계 속에서 이루어지니까요. 따라서 여러분이 앞으로 다가올, 아니 이미 우리 앞에 나타난 디지털 지구, 메타버스 환경에서 제대로 즐기고, 주인이 되어 살아가기 위해서는 현실 세계에서 진정으로 중요한 것이 무엇인지 알아야 해요. 더불어 함께 살아가는 공동체에 대한 가치관이 제대로 서야 할 거예요. 그래서 올바로 생각하고 행동하는 사람이 만드는 기술이 이 세상 질서를 파괴하지 않는 선한 영향력을 행사하게 될 거예요. 바로 여러분이 그런 역할을 할 것이라 기대할게요.